I0177250

PRÉFACE

La collection de guides de conversation "Tout ira bien!", publié par T&P Books, est conçue pour les gens qui voyagent par affaire ou par plaisir. Les guides de conversations contiennent le plus important - l'essentiel pour la communication de base. Il s'agit d'une série indispensable de phrases pour survivre à l'étranger.

Ce guide de conversation vous aidera dans la plupart des cas où vous devez demander quelque chose, trouver une direction, découvrir le prix d'un souvenir, etc. Il peut aussi résoudre des situations de communication difficile lorsque la gesticulation n'aide pas.

Ce livre contient beaucoup de phrases qui ont été groupées par thèmes. Vous trouverez aussi un mini dictionnaire avec des mots utiles - les nombres, le temps, le calendrier, les couleurs...

Emmenez avec vous un guide de conversation "Tout ira bien!" sur la route et vous aurez un compagnon de voyage irremplaçable qui vous aidera à vous sortir de toutes les situations et vous enseignera à ne pas avoir peur de parler aux étrangers.

TABLE DES MATIÈRES

T&P Books Publishing

Collection de guides de conversation
"Tout ira bien!"

T&P Books Publishing

GUIDE DE CONVERSATION
— DANOIS —

LES PHRASES LES PLUS UTILES

Ce guide de conversation contient les phrases et les questions les plus communes et nécessaires pour communiquer avec des étrangers

Par Andrey Taranov

T&P BOOKS

Guide de conversation + dictionnaire de 250 mots

Guide de conversation Français-Danois et mini dictionnaire de 250 mots

Par Andrey Taranov

La collection de guides de conversation "Tout ira bien!", publiée par T&P Books, est conçue pour les gens qui voyagent par affaire ou par plaisir. Les guides contiennent l'essentiel pour la communication de base. Il s'agit d'une série indispensable de phrases pour "survivre" à l'étranger.

Vous trouverez aussi un mini dictionnaire de 250 mots utiles, nécessaire à la communication quotidienne - le nom des mois, des jours, les unités de mesure, les membres de la famille, et plus encore.

Copyright © 2016 T&P Books Publishing

Tous droits réservés. Sans permission écrite préalable des éditeurs, toute reproduction ou exploitation partielle ou intégrale de cet ouvrage est interdite, sous quelque forme et par quelque procédé (électronique ou mécanique) que ce soit, y compris la photocopie, l'enregistrement ou le recours à un système de stockage et de récupération des données.

T&P Books Publishing
www.tpbooks.com

ISBN: 978-1-78616-767-5

Ce livre existe également en format électronique.
Pour plus d'informations, veuillez consulter notre site: www.tpbooks.com
ou rendez-vous sur ceux des grandes librairies en ligne.

PRONONCIATION

Lettre	Exemple en danois	Alphabet phonétique T&P	Exemple en français
Aa	Afrika, kompas	[æ], [ɑ], [ɑ:]	reine, casque
Bb	barberblad	[b]	bureau
Cc	cafe, creme	[k]	bocal
Cc [1]	koncert	[s]	syndicat
Dd	direktør	[d]	document
Dd [2]	facade	[ð]	consonne fricative dentale voisée
Ee	belgier	[e], [ə]	vers
Ee [3]	elevator	[ɛ]	faire
Ff	familie	[f]	formule
Gg	mango	[g]	gris
Hh	høne, knurhår	[h]	[h] aspiré
Ii	kolibri	[i], [i:]	faillite
Jj	legetøj	[j]	maillot
Kk	leksikon	[k]	bocal
Ll	leopard	[l]	vélo
Mm	marmor	[m]	minéral
Nn	natur, navn	[n]	ananas
ng	omfang	[ŋ]	parking
nk	punktum	[ŋ]	parking
Oo	fortov	[o], [ɔ]	normal
Pp	planteolie	[p]	panama
Qq	sequoia	[k]	bocal
Rr	seriøs	[ʁ]	R vibrante
Ss	selskab	[s]	syndicat
Tt	strøm, trappe	[t]	tennis
Uu	blæksprutte	[u:]	tour
Vv	børnehave	[ʋ]	verdure
Ww	whisky	[w]	iguane
Xx	Luxembourg	[ks]	taxi
Yy	lykke	[y], [ø]	rubis, deux

Lettre	Exemple en danois	Alphabet phonétique T&P	Exemple en français
Zz	Venezuela	[s]	syndicat
Ææ	ærter	[ɛ], [ɛ:]	arène
Øø	grønsager	[ø], [œ]	creuser
Åå	åbent, afgå	[ɔ], [o:]	salut, total

Remarques

[1] devant **e, i**
[2] après une voyelle accentuée
[3] au début d'un mot

LISTE DES ABRÉVIATIONS

Abréviations en français

adj	-	adjective
adv	-	adverbe
anim.	-	animé
conj	-	conjonction
dénombr.	-	dénombrable
etc.	-	et cetera
f	-	nom féminin
f pl	-	féminin pluriel
fam.	-	familiar
fem.	-	féminin
form.	-	formal
inanim.	-	inanimé
indénombr.	-	indénombrable
m	-	nom masculin
m pl	-	masculin pluriel
m, f	-	masculin, féminin
masc.	-	masculin
math	-	mathematics
mil.	-	militaire
pl	-	pluriel
prep	-	préposition
pron	-	pronom
qch	-	quelque chose
qn	-	quelqu'un
sing.	-	singulier
v aux	-	verbe auxiliaire
v imp	-	verbe impersonnel
vi	-	verbe intransitif
vi, vt	-	verbe intransitif, transitif
vp	-	verbe pronominal
vt	-	verbe transitif

Abréviations en danois

f	-	genre commun
f pl	-	genre commun pluriel

i	-	neutre
i pl	-	neutre pluriel
i, f	-	neutre, genre commun
ngn.	-	quelqu'un
pl	-	pluriel

T&P BOOKS

GUIDE DE CONVERSATION DANOIS

Cette section contient
des phrases importantes
qui peuvent être utiles dans
des situations courantes.
Le guide vous aidera
à demander des directions,
clarifier le prix, acheter
des billets et commander
des plats au restaurant

T&P Books Publishing

CONTENU DU GUIDE DE CONVERSATION

T&P Books Publishing

Excusez-moi, …	**Undskyld, …** ['ɔnˌskyl', …]
Bonjour	**Hej.** ['hɑj]
Merci	**Tak.** [tɑk]
Au revoir	**Farvel.** [fɑ'vɛl]
Oui	**Ja.** ['jæ]
Non	**Nej.** [nɑj']
Je ne sais pas.	**Jeg ved det ikke.** [jɑj ve de 'ekə]
Où? | Où? | Quand?	**Hvor? | Hvorhen? | Hvornår?** ['vɒ'? | 'vɒ'ˌhɛn? | vɒ'nɒ'?]
J'ai besoin de …	**Jeg har brug for …** [jɑ hɑ' 'bʁu' fə …]
Je veux …	**Jeg vil …** [jɑj ve …]
Avez-vous … ?	**Har du …?** ['hɑ' du …?]
Est-ce qu'il y a … ici?	**Er der en … her?** [æɐ̯ 'dɛ'ɐ̯ en … hɛ'ɐ̯?]
Puis-je … ?	**Må jeg …?** [mɔ' jɑ …?]
s'il vous plaît (pour une demande)	**… venligst** [… 'vɛnlist]
Je cherche …	**Jeg leder efter …** [jɑ 'le:ðə 'ɛftʌ …]
les toilettes	**toilet** [toa'lɛt]
un distributeur	**udbetalingsautomat** [uð'be'tæ'leŋs ɑwto'mæ't]
une pharmacie	**apotek** [ɑpo'te'k]
l'hôpital	**hospital** [hɔspi'tæ'l]
le commissariat de police	**politistation** [poli'ti sta'ɕo'n]
une station de métro	**metro** ['me:tʁo]

un taxi	**taxi** ['tɑksi]
la gare	**togstation** ['tɔw sta'ɕoʾn]

Je m'appelle ...	**Mit navn er ...** [mit 'nɑwʾn 'æɐ̯ ...]
Comment vous appelez-vous?	**Hvad er dit navn?** ['vað 'æɐ̯ dit nɑwʾn?]
Aidez-moi, s'il vous plaît.	**Kan du hjælpe mig?** ['kan du 'jɛlpə mɑj?]
J'ai un problème.	**Jeg har fået et problem.** [jɑ hɑʾ fɒʾ et pʁoʾbleʾm]
Je ne me sens pas bien.	**Jeg føler mig dårlig.** [jɑ 'føːlɐ mɑj 'dɒːli]
Appelez une ambulance!	**Ring efter en ambulance!** ['ʁɛŋə 'ɛftʌ en ɑmbu'laŋsə]
Puis-je faire un appel?	**Må jeg foretage et opkald?** [mɔʾ jɑ 'fɒːɒˌtæʾ et 'ʌpkalʾ?]

Excusez-moi.	**Det er jeg ked af.** [de 'æɐ̯ jɑ 'keðʾ æʾ]
Je vous en prie.	**Selv tak.** [sɛlʾ tak]

je, moi	**Jeg, mig** [jɑj, mɑj]
tu, toi	**du** [du]
il	**han** [han]
elle	**hun** [hun]
ils	**de** [di]
elles	**de** [di]
nous	**vi** [vi]
vous	**I, De** [I, di]
Vous	**De** [di]

ENTRÉE	**INDGANG** ['enˌgaŋʾ]
SORTIE	**UDGANG** ['uðˌgaŋʾ]
HORS SERVICE	EN PANNE	**UDE AF DRIFT** ['uːðə æʾ 'dʁɛft]
FERMÉ	**LUKKET** ['lɔkəð]

OUVERT

ÅBEN
['ɔ:bən]

POUR LES FEMMES

TIL KVINDER
[te 'kvenʌ]

POUR LES HOMMES

TIL MÆND
[te 'mɛnˀ]

Questions

Où? (lieu)	**Hvor?** ['vɒˀ?]
Où? (direction)	**Hvorhen?** ['vɒˀˌhɛn?]
D'où?	**Hvorfra?** ['vɒˀˌfʁɑˀ?]
Pourquoi?	**Hvorfor?** ['vɔfʌ?]
Pour quelle raison?	**Af hvilken grund?** [æˀ 'velkən 'gʁɒnˀ?]
Quand?	**Hvornår?** [vɒ'nɒˀ?]
Combien de temps?	**Hvor længe?** [vɒˀ 'lɛŋə?]
À quelle heure?	**På hvilket tidspunkt?** [pɔ 'velkəð 'tiðspɒŋˀt?]
C'est combien?	**Hvor meget?** [vɒˀ 'mɑɑð?]
Avez-vous … ?	**Har du …?** ['hɑˀ du …?]
Où est …, s'il vous plaît?	**Hvor er …?** [vɒˀ 'æɐ̯ …?]
Quelle heure est-il?	**Hvad er klokken?** ['vað 'æɐ̯ 'klʌkən?]
Puis-je faire un appel?	**Må jeg foretage et opkald?** [mɔˀ jɑ 'foːɒˌtæˀ et 'ʌpkalˀ?]
Qui est là?	**Hvem der?** [vɛm 'dɛˀɐ̯?]
Puis-je fumer ici?	**Må jeg ryge her?** [mɔˀ jɑ 'ʁyːə 'hɛˀɐ̯?]
Puis-je …?	**Må jeg …?** [mɔˀ jɑ …?]

Besoins

Je voudrais ...

Jeg vil gerne ...
[jɑj ve 'gæ̞ɡnə ...]

Je ne veux pas ...

Jeg ønsker ikke ...
[ja 'ønskɡ̞ 'ekə ...]

J'ai soif.

Jeg er tørstig.
['jɑj 'æɡ̞ 'tœ̞sti]

Je veux dormir.

Jeg ønsker at sove.
[ja 'ønskɡ̞ ʌ 'sɒwə]

Je veux ...

Jeg vil ...
[jɑj ve ...]

me laver

at vaske
[ʌ 'vaskə]

brosser mes dents

at børste mine tænder
[ʌ 'bœ̞stə 'miːnə 'tɛnʌ]

me reposer un instant

at hvile en stund
[ʌ 'viːlə en 'stɔn']

changer de vêtements

at klæde mig om
[ʌ 'klɛ' 'mɑj ʌm]

retourner à l'hôtel

at gå tilbage til hotellet
[ʌ 'gɔ' te'bæːjə te ho'tɛl'əð]

acheter ...

at købe ...
[ʌ 'køːbə ...]

aller à ...

at gå til ...
[ʌ 'gɔ te ...]

visiter ...

at besøge ...
[ʌ be'sø'jə ...]

rencontrer ...

at mødes med ...
[ʌ 'møːðəs mɛ ...]

faire un appel

at foretage et opkald
[ʌ 'fɒːɒˌtæ' et 'ʌpkal']

Je suis fatigué /fatiguée/

Jeg er træt.
['jɑj 'æɡ̞ 'tʁat]

Nous sommes fatigués /fatiguées/

Vi er trætte.
['vi 'æɡ̞ 'tʁatə]

J'ai froid.

Jeg fryser.
[ja 'fʁyːsʌ]

J'ai chaud.

Jeg har det varmt.
[ja hɑ' de 'vɑ'mt]

Je suis bien.

Jeg er OK.
['jɑj 'æɡ̞ ɔw'kɛj]

Il me faut faire un appel.

Jeg har brug for at foretage et opkald.
[ja haˀ 'bʁuˀ fɐ ʌ 'fɒːɒ̩taeˀ et ˀʌpkalˀ]

J'ai besoin d'aller aux toilettes.

Jeg har brug for at gå på toilettet.
[ja haˀ 'bʁuˀ fɐ ʌ gɔˀ pɒ toaˈlɛet]

Il faut que j'aille.

Jeg er nødt til at gå.
['jɑj 'æɐ̯ nøˀt te ʌ gɔˀ]

Je dois partir maintenant.

Jeg er nødt til at gå nu.
['jɑj 'æɐ̯ nøˀt te ʌ gɔˀ nu]

Comment demander la direction

Excusez-moi, ...	**Undskyld, ...** ['ɔnˌskylˀ, ...]
Où est ..., s'il vous plaît?	**Hvor er ...?** [vɒˀ 'æɐ̯ ...?]
Dans quelle direction est ... ?	**Hvilken vej er ...?** ['velkən 'vɑjˀ 'æɐ̯ ...?]
Pouvez-vous m'aider, s'il vous plaît ?	**Er du sød at hjælpe mig?** [æɐ̯ du 'søðˀ ʌ 'jɛlpə mɑjˀ?]
Je cherche ...	**Jeg leder efter ...** [jɑ 'leːðə 'ɛftʌ ...]
La sortie, s'il vous plaît?	**Jeg leder efter udgangen.** [jɑ 'leːðə 'ɛftʌ 'uðˌɡɑŋən]
Je vais à ...	**Jeg har tænkt mig at ...** [jɑ hɑˀ 'tɛŋkt mɑj ʌ ...]
C'est la bonne direction pour ...?	**Går jeg den rigtige vej til ...?** [ɡɒˀ jɑ dən 'ʁɛɡtiə vɑjˀ te ...?]
C'est loin?	**Er det langt væk?** [æɐ̯ de 'lɑŋˀt vɛk?]
Est-ce que je peux y aller à pied?	**Kan jeg komme derhen til fods?** ['kanˀ jɑ 'kʌmə 'dɛˀɐ̯'hɛn te 'foˀðs?]
Pouvez-vous me le montrer sur la carte?	**Kan du vise mig på kortet?** ['kan du 'viːsə mɑj pɒ 'kɒːtəð?]
Montrez-moi où sommes-nous, s'il vous plaît.	**Vis mig, hvor vi er lige nu.** ['viˀs mɑj, vɒˀ vi 'æɐ̯ 'liːə nu]
Ici	**Her** ['hɛˀɐ̯]
Là-bas	**Der** [dɛˀɐ̯]
Par ici	**Denne vej** ['dɛnə vɑjˀ]
Tournez à droite.	**Drej til højre.** [dʁɑjˀ te 'hʌjʁʌ]
Tournez à gauche.	**Drej til venstre.** [dʁɑjˀ te 'vɛnstʁʌ]
Prenez la première (deuxième, troisième) rue.	**første (anden, tredje) vej** ['fœɐ̯stə ('anən, 'tʁɛðjə) vɑjˀ]
à droite	**til højre** [te 'hʌjʁʌ]

à gauche

til venstre
[te 'vɛnstʁʌ]

Continuez tout droit.

Gå ligeud.
['gɔˀ 'liːəˈuðˀ]

Affiches, Pancartes

BIENVENUE!	**VELKOMMEN!** ['vɛlˌkʌm'ən]
ENTRÉE	**INDGANG** ['enˌgɑŋ']
SORTIE	**UDGANG** ['uðˌgɑŋ']

POUSSEZ	**SKUB** [skɔb]
TIREZ	**TRÆK** ['tʁak]
OUVERT	**ÅBEN** ['ɔ:bən]
FERMÉ	**LUKKET** ['lɔkəð]

POUR LES FEMMES	**TIL KVINDER** [te 'kvenʌ]
POUR LES HOMMES	**TIL MÆND** [te 'mɛn']
MESSIEURS (m)	**MÆND** [mɛn']
FEMMES (f)	**KVINDER** ['kvenʌ]

RABAIS | SOLDES	**UDSALG** ['uðˌsal']
PROMOTION	**RESTSALG** ['ʁast ˌsal']
GRATUIT	**GRATIS** ['gʁɑ:tis]
NOUVEAU!	**NYT!** [nyt]
ATTENTION!	**OBS!** [ʌbs]

COMPLET	**ALT OPTAGET** ['al't 'ʌpˌtæ'əð]
RÉSERVÉ	**RESERVERET** [ʁɛsæɐ̯'ve'ʌð]
ADMINISTRATION	**ADMINISTRATION** [aðministʁɑ'ɕo'n]
PERSONNEL SEULEMENT	**KUN PERSONALE** [kɔn pæɐ̯so'næ:lə]

ATTENTION AU CHIEN!	**PAS PÅ HUNDEN!** [pas pɔ 'hunən]
NE PAS FUMER!	**RYGNING FORBUDT!** ['ʁyːneŋ fʌ'byˀd]
NE PAS TOUCHER!	**RØR IKKE!** ['ʁɶˀɐ 'ekə]
DANGEREUX	**FARLIGT** ['faːlit]
DANGER	**FARE** ['faːɑ]
HAUTE TENSION	**STÆRKSTRØM** ['stæɐ̯k 'stʁɶmˀ]
BAIGNADE INTERDITE!	**SVØMNING FORBUDT!** ['svɶmneŋ fʌ'byˀt]

HORS SERVICE | EN PANNE	**UDE AF DRIFT** ['uːðə æˀ 'dʁɛft]
INFLAMMABLE	**BRANDFARLIG** ['bʁɑnˌfaːli]
INTERDIT	**FORBUDT** [fʌ'byˀt]
ENTRÉE INTERDITE!	**ADGANG FORBUDT!** ['aðˌgɑŋˀ fʌ'byˀð]
PEINTURE FRAÎCHE	**VÅD MALING** ['vɔˀð 'mæːleŋ]

FERMÉ POUR TRAVAUX	**LUKKET PGA. RENOVERING** ['lɔkəð pɔˀ 'gʁɔnˀ a ʁɛno've'ˀgeŋ]
TRAVAUX EN COURS	**ARBEJDE FORUDE** ['ɑːˌbɑjˀdə 'foːˌuːðə]
DÉVIATION	**OMKØRSEL** [ɔm'kɶɐ̯səl]

Transport - Phrases générales

avion	**fly** [fly']
train	**tog** ['tɔ'w]
bus, autobus	**bus** [bus]
ferry	**færge** ['fæɐ̯wə]
taxi	**taxi** ['tɑksi]
voiture	**bil** [bi'l]

horaire	**køreplan** ['køːʌˌplæ'n]
Où puis-je voir l'horaire?	**Hvor kan jeg se køreplanen?** [vɒ' kan jɑ se' 'køːʌˌplæ'nən?]
jours ouvrables	**hverdage** ['væɐ̯ˌdæ'ə]
jours non ouvrables	**weekender** ['wiːˌkɛndʌ]
jours fériés	**helligdage** ['hɛliˌdæ'ə]

DÉPART	**AFGANG** ['awˌgɑŋ']
ARRIVÉE	**ANKOMST** ['anˌkʌm'st]
RETARDÉE	**FORSINKET** [fə'seŋ'kəð]
ANNULÉE	**AFLYST** ['awˌly'st]

prochain (train, etc.)	**næste** ['nɛstə]
premier	**første** ['fœɐ̯stə]
dernier	**sidste** ['sistə]

À quelle heure est le prochain ...?	**Hvornår er den næste ...?** [vɒ'nɒ' 'æɐ̯ dən 'nɛstə ...?]
À quelle heure est le premier ...?	**Hvornår er den første ...?** [vɒ'nɒ' 'æɐ̯ dən 'fœɐ̯stə ...?]

À quelle heure est le dernier …?

Hvornår er den sidste …?
[vɒˈnɒˀ ˈæɡ dən ˈsistə …?]

correspondance

skift
[ˈskift]

prendre la correspondance

at skifte
[ʌ ˈskiftə]

Dois-je prendre la correspondance?

Behøver jeg at skifte?
[beˈhøˀvə ˈjɑj ʌ ˈskiftə?]

Acheter un billet

Où puis-je acheter des billets?	**Hvor kan jeg købe billetter?** [vɒˀ kan ja ˈkøːbə biˈlɛtʌ?]
billet	**billet** [biˈlɛt]
acheter un billet	**at købe en billet** [ʌ ˈkøːbə en biˈlɛt]
le prix d'un billet	**billetpris** [biˈlɛtˌpʁiˀs]
Pour aller où?	**Hvorhen?** [ˈvɒˀˌhɛn?]
Quelle destination?	**Til hvilken station?** [te ˈvelkən staˈɕoˀn?]
Je voudrais ...	**Jeg har brug for ...** [ja haˀ ˈbʁuˀ fə ...]
un billet	**én billet** [en biˈlɛt]
deux billets	**to billetter** [toˀ biˈlɛtʌ]
trois billets	**tre billetter** [ˈtʁɛˀ biˈlɛtʌ]
aller simple	**enkelt** [ˈɛŋˀkəlt]
aller-retour	**retur** [ʁɛˈtuɐ̯ˀ]
première classe	**første klasse** [ˈfœɐ̯stə ˈklasə]
classe économique	**anden klasse** [ˈanən ˈklasə]
aujourd'hui	**i dag** [i ˈdæˀ]
demain	**i morgen** [i ˈmɒːɒn]
après-demain	**i overmorgen** [i ˈɒwʌˌmɒːɒn]
dans la matinée	**om morgenen** [ʌm ˈmɒːɒnən]
l'après-midi	**om eftermiddagen** [ʌm ˈɛftʌmeˌdæˀən]
dans la soirée	**om aftenen** [ʌm ˈɒftənən]

siège côté couloir	**gangplads** ['gaŋplas]
siège côté fenêtre	**vinduesplads** ['vendus 'plas]
C'est combien?	**Hvor meget?** [vɒˀ 'maað?]
Puis-je payer avec la carte?	**Kan jeg betale med kreditkort?** ['kanˀ jɑ be'tæˀlə mɛ kʁɛ'dit kɒːt?]

L'autobus

bus, autobus	**bus** [bus]
autocar	**rutebil** ['ʁuːtəˌbiˀl]
arrêt d'autobus	**busstoppested** ['busˌstɔpəstɛð]
Où est l'arrêt d'autobus le plus proche?	**Hvor er det nærmeste busstoppested?** [vɒˀ 'æɐ̯ de 'næɐ̯məstə 'busˌstɔpəstɛð?]
numéro	**nummer** ['nɔmˀʌ]
Quel bus dois-je prendre pour aller à …?	**Hvilken bus skal jeg tage for at komme til …?** ['velkən bus skalˀ jɑ 'tæˀə fə ʌ 'kʌmə te …?]
Est-ce que ce bus va à …?	**Kører denne bus til …?** ['køːɐ̯ 'dɛnə bus te …?]
L'autobus passe tous les combien?	**Hvor hyppigt kører busserne?** [vɒˀ 'hypit 'køːɐ̯ 'busɐnə?]
chaque quart d'heure	**hvert kvarter** ['vɛˀɐ̯t kvɑ'teˀɐ̯]
chaque demi-heure	**hver halve time** ['vɛɐ̯ halˀvə 'tiːmə]
chaque heure	**hver time** ['vɛɐ̯ 'tiːmə]
plusieurs fois par jour	**flere gange om dagen** ['fleːʌ 'gɑŋə ʌm 'dæˀən]
… fois par jour	**… gange om dagen** [… 'gɑŋə ʌm 'dæˀən]
horaire	**køreplan** ['køːʌˌplæˀn]
Où puis-je voir l'horaire?	**Hvor kan jeg se køreplanen?** [vɒˀ kan jɑ seˀ 'køːʌˌplæˀnən?]
À quelle heure passe le prochain bus?	**Hvornår kører den næste bus?** [vɒ'nɒˀ 'køːɐ̯ dən 'nɛstə bus?]
À quelle heure passe le premier bus?	**Hvornår kører den første bus?** [vɒ'nɒˀ 'køːɐ̯ dən 'fœɐ̯stə bus?]
À quelle heure passe le dernier bus?	**Hvornår kører den sidste bus?** [vɒ'nɒˀ 'køːɐ̯ dən 'sistə bus?]

arrêt

stop
['stʌp]

prochain arrêt

næste stop
['nɛstə 'stʌp]

terminus

sidste stop
['sistə 'stʌp]

Pouvez-vous arrêter ici, s'il vous plaît.

Stop her, tak.
['stʌp 'hɛˀɐ̯, tɑk]

Excusez-moi, c'est mon arrêt.

Undskyld, det er mit stop.
['ɔnˌskylˀ, de 'æɐ̯ mit 'stʌp]

Train

train	**tog** ['tɔˀw]
train de banlieue	**regionaltog** [ʁɛgjoˈnæˀl tɔˀw]
train de grande ligne	**intercitytog** [entʌˈsiti tɔˀw]
la gare	**togstation** ['tɔw staˈɕoˀn]
Excusez-moi, où est la sortie vers les quais?	**Undskyld, hvor er udgangen til perronen?** ['ɔnˌskylˀ, vɒˀ 'æɐ̯ 'uðˌgɑŋən te paˈʁʌŋən?]
Est-ce que ce train va à ...?	**Kører dette tog til ...?** ['køːɐ̯ 'dɛtə tɔˀw te ...?]
le prochain train	**næste tog** ['nɛstə 'tɔˀw]
À quelle heure est le prochain train?	**Hvornår afgår det næste tog?** [vɒˈnɒˀ 'awˌgɔˀ de 'nɛstə tɔˀw?]
Où puis-je voir l'horaire?	**Hvor kan jeg se køreplanen?** [vɒˀ kan ja seˀ 'køːʌˌplæˀnən?]
De quel quai?	**Fra hvilken perron?** [ˌfʁɑˀ 'velkən paˈʁʌŋ?]
À quelle heure arrive le train à ...?	**Hvornår ankommer toget til ...?** [vɒˈnɒˀ 'anˌkʌmʌ 'tɔˀwəð te ...?]
Pouvez-vous m'aider, s'il vous plaît?	**Vær sød at hjælpe mig.** ['vɛɐ̯ 'søðˀ ʌ 'jɛlpə maj]
Je cherche ma place.	**Jeg leder efter min plads.** [ja 'leːðə 'ɛftʌ min plas]
Nous cherchons nos places.	**Vi leder efter vores pladser.** ['vi 'leːðə 'ɛftʌ 'vɒɒs 'plasʌ]
Ma place est occupée.	**Min plads er taget.** [min 'plas 'æɐ̯ 'tæəð]
Nos places sont occupées.	**Vore pladser er taget.** ['vɒːɒ 'plasʌ 'æɐ̯ 'tæəð]
Excusez-moi, mais c'est ma place.	**Jeg beklager, men dette er min plads.** [ja beˈklæˀjə, mɛn 'dɛtə 'æɐ̯ min 'plas]
Est-ce que cette place est libre?	**Er denne plads taget?** [æɐ̯ 'dɛnə plas 'tæəð?]
Puis-je m'asseoir ici?	**Må jeg sidde her?** [mɔˀ ja 'seðə 'hɛˀɐ̯?]

Sur le train - Dialogue (Pas de billet)

Votre billet, s'il vous plaît.	**Billet, tak.** [bi'lɛt, tak]
Je n'ai pas de billet.	**Jeg har ikke nogen billet.** [ja haˀ 'ekə 'noən bi'lɛt]
J'ai perdu mon billet.	**Jeg har mistet min billet.** [ja haˀ 'mestəð min bi'lɛt]
J'ai oublié mon billet à la maison.	**Jeg har glemt min billet derhjemme.** [ja haˀ 'glɛmt min bi'lɛt da'jɛmə]

Vous pouvez m'acheter un billet.	**Du kan købe en billet af mig.** [du kan 'kø:bə en bi'lɛt æˀ maj]
Vous devrez aussi payer une amende.	**Du bliver også nødt til at betale en bøde.** [du 'bliɐ̯ˀ ʌsə nøˀt te ʌ be'tæˀlə en 'bø:ðə]

D'accord.	**OK.** [ɔw'kɛj]
Où allez-vous?	**Hvor skal du hen?** [vɒˀ skalˀ du hɛn?]
Je vais à …	**Jeg har tænkt mig at …** [ja haˀ 'tɛŋkt maj ʌ …]

Combien? Je ne comprend pas.	**Hvor meget? Jeg forstår det ikke.** [vɒˀ 'maaðˀ? ja fə'stɒ de 'ekə]
Pouvez-vous l'écrire, s'il vous plaît.	**Skriv det ned, tak.** ['skʁiwˀ de neðˀ, tak]
D'accord. Puis-je payer avec la carte?	**OK. Kan jeg betale med kreditkort?** [ɔw'kɛj. kan ja be'tæˀlə mɛ kʁɛ'dit kɒːt?]
Oui, bien sûr.	**Ja, det kan du godt.** ['jæ, de kan du 'gʌt]

Voici votre reçu.	**Her er din kvittering.** ['hɛˀɐ̯ 'æg̊ din kvi'te'g̊eŋ]
Désolé pour l'amende.	**Undskyld bøden.** ['ɔnˌskylˀ 'bø:ðen]
Ça va. C'est de ma faute.	**Det er OK. Det var min skyld.** [de 'æg̊ ɔw'kɛj. de va min skylˀ]
Bon voyage.	**Nyd turen.** [nyð 'tuɐ̯ˀn]

Taxi

taxi	**taxi** ['tɑksi]
chauffeur de taxi	**taxichauffør** ['tɑksi ɕo'føˀɐ̯]
prendre un taxi	**at få fat i en taxi** [ʌ fɔˀ fat i en 'tɑksi]
arrêt de taxi	**taxiholdeplads** ['tɑksi 'hʌlə‚plas]
Où puis-je trouver un taxi?	**Hvor kan jeg finde en taxi?** [vɒˀ kan jɑj̯ 'fenə en 'tɑksi?]
appeler un taxi	**at ringe efter en taxi** [ʌ 'ʁɛŋə 'ɛftʌ en 'tɑksi]
Il me faut un taxi.	**Jeg har brug for en taxi.** [ja hɑˀ 'bʁuˀ fə en 'tɑksi]
maintenant	**Lige nu.** ['liːə 'nu]
Quelle est votre adresse?	**Hvad er din adresse?** ['vað 'æɐ̯ din a'dʁasə?]
Mon adresse est ...	**Min adresse er ...** [min a'dʁasə 'æɐ̯ ...]
Votre destination?	**Hvor skal du hen?** [vɒˀ skalˀ du hɛn?]
Excusez-moi, ...	**Undskyld, ...** ['ɔn‚skylˀ, ...]
Vous êtes libre ?	**Er du ledig?** [æɐ̯ du 'leːði?]
Combien ça coûte pour aller à ...?	**Hvor meget koster det at komme til ...?** [vɒˀ 'maɑð 'kʌstɐ de ʌ 'kʌmə te ...?]
Vous savez où ça se trouve?	**Ved du, hvor det er?** [ve du, vɒˀ de 'æɐ̯?]
À l'aéroport, s'il vous plaît.	**Lufthavnen, tak.** ['lɔft‚haw'nən, tɑk]
Arrêtez ici, s'il vous plaît.	**Stop her, tak.** ['stʌp 'hɛˀɐ̯, tɑk]
Ce n'est pas ici.	**Det er ikke her.** [de 'æɐ̯ 'ekə 'hɛˀɐ̯]
C'est la mauvaise adresse.	**Det er den forkerte adresse.** [de 'æɐ̯ dən fə'keɐ̯ˀtə a'dʁasə]

tournez à gauche	**Drej til venstre.** [dʁɑjˀ te 'vɛnstʁʌ]
tournez à droite	**Drej til højre.** [dʁɑjˀ te 'hʌjʁʌ]

Combien je vous dois?	**Hvor meget skylder jeg dig?** [vɒˀ 'mɑɑð 'skylə jɑ dɑjˀ]
J'aimerais avoir un reçu, s'il vous plaît.	**Jeg vil gerne have en kvittering, tak.** [jɑj ve 'gæ̞nə hæˀ en kvi'te'ɡ̞eŋ, tɑk]
Gardez la monnaie.	**Behold resten.** [be'hʌlˀ 'ʁastən]

Attendez-moi, s'il vous plaît ...	**Vil du venligst vente på mig?** ['ve du 'vɛnlist 'vɛntə pɔ mɑjˀ]
cinq minutes	**fem minutter** [fɛmˀ me'nutʌ]
dix minutes	**ti minutter** ['tiˀ me'nutʌ]
quinze minutes	**femten minutter** ['fɛmtən me'nutʌ]
vingt minutes	**tyve minutter** ['ty:və me'nutʌ]
une demi-heure	**en halv time** [en 'halˀ 'ti:mə]

Hôtel

Bonjour.

Hej.
['hɑj]

Je m'appelle ...

Mit navn er ...
[mit 'nɑwˀn 'æɐ̯ ...]

J'ai réservé une chambre.

Jeg har en reservation.
[ja hɑˀ en ʁɛsæɐ̯va'ɕoˀn]

Je voudrais ...

Jeg har brug for ...
[ja hɑˀ 'bʁu' fə ...]

une chambre simple

et enkeltværelse
[et 'ɛŋˀkəlt‚væɐ̯ʌlsə]

une chambre double

et dobbeltværelse
[et 'dʌbəlt 'væɐ̯ʌlsə]

C'est combien?

Hvor meget bliver det?
[vɒˀ 'mɑɑð 'bliɐ̯ˀ de?]

C'est un peu cher.

Det er lidt dyrt.
[de 'æɐ̯ lit 'dyɐ̯ˀt]

Avez-vous autre chose?

Har du nogen andre muligheder?
['hɑˀ du 'noen 'ɑndʁʌ 'mu:li‚heðˀʌ?]

Je vais la prendre.

Det tager jeg.
[de 'tæˀɐ̯ jɑj]

Je vais payer comptant.

Jeg betaler kontant.
[ja be'tæˀlʌ kɔn'tanˀt]

J'ai un problème.

Jeg har fået et problem.
[ja hɑˀ fɒˀ et pʁo'bleˀm]

Mon ... est cassé /Ma ... est cassée/

Mit ... er gået i stykker.
[mit ... 'æɐ̯ 'gɔ:əð 'støkʌ]

Mon /Ma/ ... ne fonctionne pas.

Mit ... virker ikke.
[mit ... 'viɐ̯kʌ 'ekə]

télé

TV
['teˀ‚veˀ]

air conditionné

klimaanlæg
['kliːmaˀan‚lɛˀg]

robinet

hane
['hæːnə]

douche

bruser
['bʁuːsʌ]

évier

vask
['vask]

coffre-fort

pengeskab
['pɛŋə‚skæˀb]

serrure de porte	**dørlås** ['dœɐlɔ's]
prise électrique	**stikkontakt** ['stek kɔn'tɑkt]
sèche-cheveux	**hårtørrer** ['hɒːˌtœɐʌ]

Je n'ai pas ...	**Jeg har ikke nogen ...** [jɑ hɑ' 'ekə 'noən ...]
d'eau	**vand** ['van']
de lumière	**lys** ['ly's]
d'électricité	**elektricitet** [elɛktʁisi'te't]

Pouvez-vous me donner ...?	**Kan du give mig ...?** ['kan du gi' mɑj ...?]
une serviette	**et håndklæde** [ed 'hʌnˌklɛːðə]
une couverture	**et tæppe** [ed 'tɛpə]
des pantoufles	**hjemmesko** ['jɛməˌsko']
une robe de chambre	**en kåbe** [en 'kɔːbə]
du shampoing	**shampoo** ['ɕæːmˌpuː]
du savon	**sæbe** ['sɛːbə]

Je voudrais changer ma chambre.	**Jeg vil gerne skifte værelse.** [jɑj ve 'gæɐnə 'skiftə 'væɐʌlsə]
Je ne trouve pas ma clé.	**Jeg kan ikke finde min nøgle.** [jɑ kan 'ekə 'fenə min 'nʌjlə]
Pourriez-vous ouvrir ma chambre, s'il vous plaît?	**Kunne du låse op til mit værelse?** ['kunə du 'lɔːsə ʌp te mit 'væɐʌlsə?]
Qui est là?	**Hvem der?** [vɛm 'dɛ'ɐ?]
Entrez!	**Kom ind!** [kʌm' en']
Une minute!	**Et øjeblik!** [ed 'ʌje'blek]
Pas maintenant, s'il vous plaît.	**Ikke lige nu, tak.** ['ekə 'liːə nu, tɑk]

Pouvez-vous venir à ma chambre, s'il vous plaît.	**Kom til mit værelse, tak.** [kʌm' te mit 'væɐʌlsə, tɑk]
J'aimerais avoir le service d'étage.	**Jeg vil gerne bestille roomservice.** [jɑj ve 'gæɐnə be'stel'ə 'ʁuːmˌsœːvis]
Mon numéro de chambre est le ...	**Mit værelsesnummer er ...** [mit 'væɐʌlsə'nɔm'ʌ 'æɐ ...]

Je pars …	**Jeg forlader …** [jɑ fəˈlæˀðə …]
Nous partons …	**Vi forlader …** [ˈvi fəˈlæˀðə …]
maintenant	**lige nu** [ˈliːə ˈnu]
cet après-midi	**i eftermiddag** [I ˈɛftʌmeˌdæˀ]
ce soir	**i aften** [i ˈɑftən]
demain	**i morgen** [i ˈmɒːɒn]
demain matin	**i morgen tidlig** [i ˈmɒːɒn ˈtiðli]
demain après-midi	**i morgen aften** [i ˈmɒːɒn ˈɑftən]
après-demain	**i overmorgen** [i ˈɒwʌˌmɒːɒn]

Je voudrais régler mon compte.	**Jeg vil gerne betale.** [jɑj ve ˈgæɐnə beˈtæˀlə]
Tout était merveilleux.	**Alt var vidunderligt.** [ˈalˀt vɑ viðˈɔnˀˀʌlit]
Où puis-jé trouver un taxi?	**Hvor kan jeg finde en taxi?** [vɒˀ kan jɑj ˈfenə en ˈtɑksi?]
Pourriez-vous m'appeler un taxi, s'il vous plaît?	**Vil du ringe efter en taxi for mig, tak?** [ˈve du ˈʁɛŋə ˈɛftʌ en ˈtɑksi fə mɑj, tɑk?]

Restaurant

Puis-je voir le menu, s'il vous plaît?	**Kan jeg se menuen?** ['kan' ja sǝ' me'nyǝn?]
Une table pour une personne.	**Bord til én.** ['bo'ɐ̯ te 'en]
Nous sommes deux (trois, quatre).	**Vi er to (tre, fire).** [vi 'æɐ̯ to' ('tʁɛ', 'fi'ʌ)]
Fumeurs	**Rygning** ['ʁy:neŋ]
Non-fumeurs	**Rygning forbudt** ['ʁy:neŋ fʌ'by'd]
S'il vous plaît!	**Undskyld!** ['ɔn‚skyl']
menu	**menu** [me'ny]
carte des vins	**vinkort** ['vi:n‚kɒ:t]
Le menu, s'il vous plaît.	**Menuen, tak.** [me'nyǝn, tak]
Êtes-vous prêts à commander?	**Er du klar til at bestille?** [æɐ̯ du kla' te ʌ be'stel'ǝ?]
Qu'allez-vous prendre?	**Hvad vil du have?** ['vað ve du hæ'?]
Je vais prendre …	**Jeg vil gerne have …** [jaj ve 'gæɐ̯nǝ hæ' …]
Je suis végétarien.	**Jeg er vegetar.** ['jaj 'æɐ̯ vegǝ'ta']
viande	**kød** ['køð]
poisson	**fisk** ['fesk]
légumes	**grøntsager** ['gʁɶnt‚sæ'jʌ]
Avez-vous des plats végétariens?	**Har du vegetarretter?** ['ha' du vegǝ'ta"ʁatǝ?]
Je ne mange pas de porc.	**Jeg spiser ikke svinekød.** [ja 'spi:sɐ̯ 'ekǝ 'svi:nǝ'køð]
Il /elle/ ne mange pas de viande.	**Han /hun/ spiser ikke kød.** [han /hun/ 'spi:sɐ̯ 'ekǝ 'køð]
Je suis allergique à …	**Jeg er allergisk over for …** ['jaj 'æɐ̯ a'læɐ̯'gisk 'ɒw'ʌ fǝ …]

Pourriez-vous m'apporter ...,
s'il vous plaît.

Er du sød at give mig ...
[æɐ̯ du 'søð' ʌ 'giˀ maj ...]

le sel | le poivre | du sucre

salt | peber | sukker
['salˀt | 'pewʌ | 'sɔkʌ]

un café | un thé | un dessert

kaffe | te | dessert
['kɑfə | teˀ | de'sɛɐ̯ˀt]

de l'eau | gazeuse | plate

vand | med brus | uden brus
['vanˀ | mɛ 'bʁuˀs | 'uðən 'bʁuˀs]

une cuillère | une fourchette | un couteau

en ske | gaffel | kniv
[en skeˀ | 'gɑfəl | 'kniwˀ]

une assiette | une serviette

en tallerken | serviet
[en ta'læɐ̯kən | sæɐ̯vi'ɛt]

Bon appétit!

Nyd dit måltid!
[nyð dit 'mʌlˌtiðˀ]

Un de plus, s'il vous plaît.

En til, tak.
[en te, tɑk]

C'était délicieux.

Det var meget lækkert.
[de vɑ 'mɑɑð 'lɛkʌt]

---

l'addition | de la monnaie | le pourboire

regningen | byttepenge | drikkepenge
['ʁajneŋən | 'bytəˌpɛŋə | 'dʁɛkəˌpɛŋə]

L'addition, s'il vous plaît.

Regningen, tak.
['ʁajneŋən, tɑk]

Puis-je payer avec la carte?

Kan jeg betale med kreditkort?
['kanˀ ja be'tæˀlə mɛ kʁɛ'dit kɔːt?]

Excusez-moi, je crois qu'il y a une
erreur ici.

Undskyld, men der er en fejl her.
['ɔnˌskylˀ, mɛn 'dɛˀɐ̯ 'æɐ̯ en 'fajˀl 'hɛˀɐ̯]

Shopping. Faire les Magasins

Est-ce que je peux vous aider?

Kan jeg hjælpe?
['kan' ja 'jɛlpə?]

Avez-vous ... ?

Har du ...?
['hɑ' du ...?]

Je cherche ...

Jeg leder efter ...
[ja 'leːðə 'ɛftʌ ...]

Il me faut ...

Jeg har brug for ...
[ja hɑ' 'bʁu' fə ...]

Je regarde seulement, merci.

Jeg kigger bare.
[ja 'kigʌ 'bɑːɑ]

Nous regardons seulement, merci.

Vi kiggede bare.
['vi 'kigəðə 'bɑːɑ]

Je reviendrai plus tard.

Jeg kommer tilbage senere.
[ja 'kʌmʌ te'bæːjə 'se'nʌʌ]

On reviendra plus tard.

Vi kommer tilbage senere.
['vi 'kʌmʌ te'bæːjə 'se'nʌʌ]

Rabais | Soldes

rabatter | udsalg
[ʁɑ'batʌ | 'uð̩saľ']

Montrez-moi, s'il vous plaît ...

Vil du være sød at vise mig ...
['ve du 'vɛɐ̯' søð' ʌ 'viːsə maj ...]

Donnez-moi, s'il vous plaît ...

Vil du give mig ...
['ve du gi' maj ...]

Est-ce que je peux l'essayer?

Kan jeg prøve det på?
['kan' ja 'pʁœːwə de pɔ'?]

Excusez-moi, où est la cabine
d'essayage?

Undskyld, hvor er prøverummet?
['ɔn̩ˌskyl', vɒ' 'æɐ̯ 'pʁœːwə 'ʁɔməð?]

Quelle couleur aimeriez-vous?

Hvilken farve vil du have?
['velkən 'faːvə ve du hæ'?]

taille | longueur

størrelse | længde
['stœɐ̯ʌlsə | 'lɛŋ'də]

Est-ce que la taille convient ?

Hvordan passer det?
[vɒ'dan 'pasʌ de?]

Combien ça coûte?

Hvor meget bliver det?
[vɒ' 'maɑð 'bliɐ̯' de?]

C'est trop cher.

Det er for dyrt.
[de 'æɐ̯ fə 'dyɐ̯'t]

Je vais le prendre.

Det tager jeg.
[de 'tæ'ɐ̯ jaj]

Excusez-moi, où est la caisse?

Undskyld, hvor kan jeg betale?
['ɔn̩ˌskyl', vɒ' kan' ja be'tæ'lə?]

Payerez-vous comptant ou par carte de crédit?	**Vil du betale kontant eller med kreditkort?** ['ve du be'tæ'lə kɔn'tan't mɛ kʁɛ'dit kɒ:t?]
Comptant | par carte de crédit	**Kontant | med kreditkort** [kɔn'tan't | mɛ kʁɛ'dit kɒ:t]

Voulez-vous un reçu?	**Vil du have kvitteringen?** ['ve du hæ' kvi'te'ɡeŋən?]
Oui, s'il vous plaît.	**Ja, tak.** ['jæ, tɑk]
Non, ce n'est pas nécessaire.	**Nej, det er OK.** [nɑj', de 'æɡ ɔw'kɛj]
Merci. Bonne journée!	**Tak. Hav en dejlig dag!** [tɑk. 'hɑ' en 'dɑjli 'dæ']

En ville

Excusez-moi, ...	**Undskyld mig.** ['ɔnˌskylˀ mɑj]
Je cherche ...	**Jeg leder efter ...** [jɑ 'leːðə 'ɛftʌ ...]
le métro	**metroen** ['meːtʁoən]
mon hôtel	**mit hotel** [mit ho'tɛlˀ]
le cinéma	**biografen** [bio'gʁɑˀfən]
un arrêt de taxi	**en taxiholdeplads** [en 'tɑksi 'hʌleˌplas]
un distributeur	**en udbetalingsautomat** [en uðˀbe'tæˀleŋs ɑwto'mæˀt]
un bureau de change	**et vekselkontor** [et 'vɛksəl kɔn'toˀɐ̯]
un café internet	**en internetcafé** [en 'entʌˌnɛt ka'feˀ]
la rue ...	**... gade** [... 'gæːðə]
cette place-ci	**dette sted** ['dɛtə 'stɛð]
Savez-vous où se trouve ...?	**Ved du, hvor ... er?** [ve du, vɒˀ ... 'æɐ̯?]
Quelle est cette rue?	**Hvilken gade er dette?** ['velkən 'gæːðə 'æɐ̯ 'dɛtə?]
Montrez-moi où sommes-nous, s'il vous plaît.	**Vis mig, hvor vi er lige nu.** ['viˀs mɑj, vɒˀ vi 'æɐ̯ 'liːə nu]
Est-ce que je peux y aller à pied?	**Kan jeg komme derhen til fods?** ['kanˀ jɑ 'kʌmə 'dɛˀɐ̯'hɛn te 'foˀðs?]
Avez-vous une carte de la ville?	**Har du et kort over byen?** ['hɑˀ du et 'kɒːt 'ɒwˀʌ 'byən?]
C'est combien pour un ticket?	**Hvor meget koster en billet for at komme ind?** [vɒˀ 'mɑɑð 'kʌstɐ en bi'lɛt fə ʌ 'kʌmə 'enˀ?]
Est-ce que je peux faire des photos?	**Må jeg tage billeder her?** [mɔˀ jɑ tæˀ 'beləðʌ 'hɛˀɐ̯?]
Êtes-vous ouvert?	**Har du åbent?** ['hɑˀ du 'ɔːbənt?]

À quelle heure ouvrez-vous?　　　　**Hvornår åbner du?**
　　　　　　　　　　　　　　　　　[vɒ'nɒ' 'ɔ:bnʌ du?]

À quelle heure fermez-vous?　　　　**Hvornår lukker du?**
　　　　　　　　　　　　　　　　　[vɒ'nɒ' 'lɔkɐ du?]

L'argent

argent	**penge** ['pɛŋə]
argent liquide	**kontanter** [kɔn'tan'tʌ]
des billets	**sedler** ['sɛð'lʌ]
petite monnaie	**småmønter** [ˌsmʌ'møn'tʌ]
l'addition | de la monnaie | le pourboire	**regningen | byttepenge | drikkepenge** ['ʁɑjnɛŋən | 'bytəˌpɛŋə | 'dʁɛkəˌpɛŋə]

carte de crédit	**kreditkort** [kʁɛ'dit kɔːt]
portefeuille	**tegnebog** ['tɑjnəbɔʔw]
acheter	**at købe** [ʌ 'køːbə]
payer	**at betale** [ʌ be'tæʔlə]
amende	**bøde** ['bøːðə]
gratuit	**gratis** ['gʁɑːtis]

Où puis-je acheter … ?	**Hvor kan jeg købe …?** [vɒʔ kan ja 'køːbə …?]
Est-ce que la banque est ouverte en ce moment?	**Har banken åbent nu?** ['hɑʔ 'baŋkən 'ɔːbənt nu?]
À quelle heure ouvre-t-elle?	**Hvornår åbner den?** [vɒ'nɒʔ 'ɔːbnʌ dɛnʔ?]
À quelle heure ferme-t-elle?	**Hvornår lukker den?** [vɒ'nɒʔ 'lɔkɐ dɛnʔ?]

C'est combien?	**Hvor meget?** [vɒʔ 'mɑɑð?]
Combien ça coûte?	**Hvor meget bliver det?** [vɒʔ 'mɑɑð 'bliɐʔ de?]
C'est trop cher.	**Det er for dyrt.** [de 'æɐ̯ fə 'dyɐ̯'t]

Excusez-moi, où est la caisse?	**Undskyld, hvor kan jeg betale?** ['ɔnˌskylʔ, vɒʔ kanʔ ja be'tæʔlə?]
L'addition, s'il vous plaît.	**Regningen, tak.** ['ʁɑjnɛŋən, tak]

Puis-je payer avec la carte?	**Kan jeg betale med kreditkort?** ['kan' ja be'tæ'lə mɛ kʁɛ'dit kɒːt?]
Est-ce qu'il y a un distributeur ici?	**Er der en** **udbetalingsautomat her?** [æɐ̯ 'dɛ'ɐ̯ en uð'be'tæ'leŋs awto'mæ't 'hɛ'ɐ̯?]
Je cherche un distributeur.	**Jeg leder efter** **en udbetalingsautomat.** [ja 'leːðə 'ɛftʌ en uð'be'tæ'leŋs awto'mæ't]

Je cherche un bureau de change.	**Jeg leder efter et vekselkontor.** [ja 'leːðə 'ɛftʌ et 'vɛksəl kɔn'to'ɐ̯]
Je voudrais changer ...	**Jeg vil gerne veksle ...** [jaj ve 'gæɐ̯nə 'vɛkslə ...]
Quel est le taux de change?	**Hvad er vekselkursen?** ['vað 'æɐ̯ 'vɛksəl 'kuɐ̯'sən]
Avez-vous besoin de mon passeport?	**Har du brug for mit pas?** ['hɑ' du 'bʁu' fə mit 'pas?]

Le temps

Quelle heure est-il?	**Hvad er klokken?** ['vað 'æɐ̯ 'klʌkən?]
Quand?	**Hvornår?** [vɒ'nɒˀ?]

À quelle heure?	**På hvilket tidspunkt?** [pɔ 'velkəð 'tiðspɔŋˀt?]
maintenant | plus tard | après ...	**nu | senere | efter ...** ['nu | 'seˀnʌʌ | 'ɛftʌ ...]

une heure	**klokken et** ['klʌkən et]
une heure et quart	**kvart over et** ['kvɑːt 'ɒwˀʌ et]
une heure et demie	**halv to** ['halˀ 'toˀ]
deux heures moins quart	**kvart i to** ['kvɑːt i 'toˀ]

un | deux | trois	**et | to | tre** [ed | toˀ | tʁɛˀ]
quatre | cinq | six	**fire | fem | seks** ['fiˀʌ | fɛmˀ | 'sɛks]
sept | huit | neuf	**syv | otte | ni** ['sywˀ | 'ɔːtə | niˀ]
dix | onze | douze	**ti | elleve | tolv** ['tiˀ | 'ɛlvə | tʌlˀ]

dans ...	**om ...** [ʌm ...]
cinq minutes	**fem minutter** [fɛmˀ me'nutʌ]
dix minutes	**ti minutter** ['tiˀ me'nutʌ]
quinze minutes	**femten minutter** ['fɛmtən me'nutʌ]
vingt minutes	**tyve minutter** ['tyːvə me'nutʌ]

une demi-heure	**en halv time** [en 'halˀ 'tiːmə]
une heure	**en time** [en 'tiːmə]

dans la matinée	**om morgenen** [ʌm 'mɒːɒnən]
tôt le matin	**tidligt om morgenen** ['tiðlit ʌm 'mɒːɒnən]
ce matin	**her til morgen** ['hɛˀɐ̯ te 'mɒːɒn]
demain matin	**i morgen tidlig** [i 'mɒːɒn 'tiðli]
à midi	**midt på dagen** ['met pɔ 'dæˀən]
dans l'après-midi	**om eftermiddagen** [ʌm 'ɛftʌmeˌdæˀən]
dans la soirée	**om aftenen** [ʌm 'ɑftənən]
ce soir	**i aften** [i 'ɑftən]
la nuit	**om natten** [ʌm 'nɛtn]
hier	**i går** [i 'gɒˀ]
aujourd'hui	**i dag** [i 'dæˀ]
demain	**i morgen** [i 'mɒːɒn]
après-demain	**i overmorgen** [i 'ɒwʌˌmɒːɒn]
Quel jour sommes-nous aujourd'hui?	**Hvilken dag er det i dag?** ['velkən 'dæˀ 'æɐ̯ de i 'dæˀ?]
Nous sommes …	**Det er …** [de 'æɐ̯ …]
lundi	**Mandag** ['manˀda]
mardi	**tirsdag** ['tiɐ̯ˀsda]
mercredi	**onsdag** ['ɔnˀsda]
jeudi	**torsdag** ['tɒˀsda]
vendredi	**Fredag** ['fʁɛˀda]
samedi	**Lørdag** ['lœɐ̯da]
dimanche	**søndag** ['sœnˀda]

Salutations - Introductions

Bonjour.	**Hej.** [ˈhaj]
Enchanté /Enchantée/	**Glad for at møde dig.** [ˈglað fə ʌ ˈmøːðə ˈdaj]
Moi aussi.	**Det samme her.** [de ˈsamə ˈhɛˀɐ̞]
Je voudrais vous présenter ...	**Jeg vil gerne have at du møder ...** [jaj ve ˈgæɐ̞nə hæˀ ʌ du ˈmøːðə ...]
Ravi /Ravie/ de vous rencontrer.	**Rart at møde dig.** [ˈʁaˀt ʌ ˈmøːðə daj]

Comment allez-vous?	**Hvordan har du det?** [vɒˈdan haˀ du de?]
Je m'appelle ...	**Mit navn er ...** [mit ˈnawˀn ˈæɐ̞ ...]
Il s'appelle ...	**Hans navn er ...** [hans ˈnawˀn ˈæɐ̞ ...]
Elle s'appelle ...	**Hendes navn er ...** [ˈhenəs ˈnawˀn ˈæɐ̞ ...]

Comment vous appelez-vous?	**Hvad hedder du?** [ˈvað ˈheðʌ du?]
Quel est son nom?	**Hvad hedder han?** [ˈvað ˈheðʌ han?]
Quel est son nom?	**Hvad hedder hun?** [ˈvað ˈheðʌ hun?]

Quel est votre nom de famille?	**Hvad er dit efternavn?** [ˈvað ˈæɐ̞ did ˈɛftʌˌnawˀn?]
Vous pouvez m'appeler ...	**Du kan ringe til mig ...** [du kan ˈʁɛŋə te maj ...]
D'où êtes-vous?	**Hvor er du fra?** [vɒˀ ˈæɐ̞ du fʁaˀ]
Je suis de ...	**Jeg er fra ...** [ˈjaj ˈæɐ̞ fʁaˀ ...]
Qu'est-ce que vous faites dans la vie?	**Hvad arbejder du med?** [ˈvað ˈaːˌbajˀdʌ du mɛ?]

Qui est-ce?	**Hvem er det?** [vɛm ˈæɐ̞ de?]
Qui est-il?	**Hvem er han?** [vɛm ˈæɐ̞ han?]
Qui est-elle?	**Hvem er hun?** [vɛm ˈæɐ̞ hun?]

Qui sont-ils?	**Hvem er de?** [vɛm 'æɐ̯ di?]
C'est ...	**Dette er ...** ['dɛtə 'æɐ̯ ...]
mon ami	**min ven** [min 'vɛn]
mon amie	**min veninde** [min vɛn'enə]
mon mari	**min mand** [min 'manˀ]
ma femme	**min kone** [min 'koːnə]

mon père	**min far** [min 'fɑː]
ma mère	**min mor** [min 'moɐ̯]
mon frère	**min bror** [min 'bʁoɐ̯]
ma sœur	**min søster** [min 'søstʌ]
mon fils	**min søn** [min 'sœn]
ma fille	**min datter** [min 'datʌ]

C'est notre fils.	**Dette er vores søn.** ['dɛtə 'æɐ̯ 'vɒɒs 'sœn]
C'est notre fille.	**Dette er vores datter.** ['dɛtə 'æɐ̯ 'vɒɒs 'datʌ]
Ce sont mes enfants.	**Dette er mine børn.** ['dɛtə 'æɐ̯ 'miːnə 'bœɐ̯ˀn]
Ce sont nos enfants.	**Dette er vores børn.** ['dɛtə 'æɐ̯ 'vɒɒs 'bœɐ̯ˀn]

Les adieux

Au revoir!
Farvel!
[fɑ'vɛl]

Salut!
Hej hej!
['hɑj 'hɑj]

À demain.
Ses i morgen.
['seʔs i 'mɒːɒn]

À bientôt.
Vi ses snart.
['vi 'seʔs 'snɑʔt]

On se revoit à sept heures.
Vi ses klokken syv.
['vi 'seʔs 'klʌkən 'syʷ]

Amusez-vous bien!
Have det sjovt!
['hɑʔ de 'ɕɒwd]

On se voit plus tard.
Vi snakkes ved senere.
['vi 'snɑkəs ve 'seʔnʌʌ]

Bonne fin de semaine.
Ha' en dejlig weekend.
[ha en 'dɑjli 'wiːˌkɛnd]

Bonne nuit.
Godnat.
[go'nad]

Il est l'heure que je parte.
Det er på tide at jeg smutter.
[de 'æɐ̯ pɔ 'tiːðə ʌ ja 'smutə]

Je dois m'en aller.
Jeg bliver nødt til at gå.
[ja 'bliɐ̯ʔ nøʔt te ʌ 'gɔʔ]

Je reviens tout de suite.
Jeg kommer straks tilbage.
[ja 'kʌmʌ 'stʁɑks te'bæːjə]

Il est tard.
Det er sent.
[de 'æɐ̯ 'seʔnt]

Je dois me lever tôt.
Jeg er nødt til at stå tidligt op.
['jɑj 'æɐ̯ nøʔt te ʌ 'stɔʔ 'tiðlit 'ʌp]

Je pars demain.
Jeg rejser i morgen.
[ja 'ʁɑjsə i 'mɒːɒn]

Nous partons demain.
Vi rejser i morgen.
['vi 'ʁɑjsə i 'mɒːɒn]

Bon voyage!
Hav en dejlig tur!
['hɑʔ en 'dɑjli 'tuɐ̯ʔ]

Enchanté de faire votre connaissance.
Det var rart at møde dig.
[de va 'ʁɑʔt ʌ 'møːðə 'dɑj]

Heureux /Heureuse/ d'avoir
parlé avec vous.
Det var rart at tale med dig.
[de va 'ʁɑʔt ʌ 'tæːlə mɛ 'dɑj]

Merci pour tout.
Tak for alt.
[tɑk fə 'alʔt]

Je me suis vraiment amusé /amusée/ **Jeg nød tiden sammen.**
[ja nøːð 'tiðən 'samˀən]

Nous nous sommes vraiment **Vi nød virkeligt tiden sammen.**
amusés /amusées/ ['vi nøːð 'viɐ̯kəlit 'tiðən 'samˀən]

C'était vraiment plaisant. **Det var virkeligt godt.**
[de va 'viɐ̯kəlit 'gʌt]

Vous allez me manquer. **Jeg kommer til at savne dig.**
[ja 'kʌmʌ te ʌ 'sawnə 'daj]

Vous allez nous manquer. **Vi kommer til at savne dig.**
['vi 'kʌmʌ te ʌ 'sawnə 'daj]

Bonne chance! **Held og lykke!**
['hɛlˀ ʌ 'løkə]

Mes salutations à ... **Sig hej til ...**
['saj 'haj te ...]

Une langue étrangère

Je ne comprends pas.	**Jeg forstår det ikke.** [ja fə'stɐ̯ de 'ekə]
Écrivez-le, s'il vous plaît.	**Skriv det ned, tak.** ['skʁiw' de neð', tɑk]
Parlez-vous ...?	**Taler du ...?** ['tæ:lʌ du ...?]

Je parle un peu ...	**Jeg taler en lille smule ...** [ja 'tæ:lʌ en 'lilə 'smu:lə ...]
anglais	**engelsk** ['ɛŋ'əlsk]
turc	**tyrkisk** ['tyɐ̯kisk]
arabe	**arabisk** [ɑ'ʁɑ'bisk]
français	**fransk** ['fʁɑn'sk]

allemand	**tysk** ['tysk]
italien	**italiensk** [ital'jɛ'nsk]
espagnol	**spansk** ['span'sk]
portugais	**portugisisk** [pɒtu'gi'sisk]
chinois	**kinesisk** [ki'ne'sisk]
japonais	**japansk** [ja'pæ'nsk]

Pouvez-vous le répéter, s'il vous plaît.	**Kan du gentage det, tak.** ['kan du 'gɛnˌtæ' de, tɑk]
Je comprends.	**Jeg forstår.** [ja fə'stɐ̯]
Je ne comprends pas.	**Jeg forstår det ikke.** [ja fə'stɐ̯ de 'ekə]
Parlez plus lentement, s'il vous plaît.	**Tal langsommere.** ['tal 'laŋˌsʌm'əʌ]

Est-ce que c'est correct?	**Er det rigtigt?** [æɐ̯ de 'ʁɛgtit?]
Qu'est-ce que c'est?	**Hvad er dette?** ['vað 'æɐ̯ 'dɛtə?]

Les excuses

Excusez-moi, s'il vous plaît.	**Undskyld mig.** ['ɔnˌskylˀ maj]
Je suis désolé /désolée/	**Det er jeg ked af.** [de 'æɐ̯ ja 'keðˀ æˀ]
Je suis vraiment /désolée/	**Jeg er virkelig ked af det.** ['jaj 'æɐ̯ 'viɐ̯kəli 'keðˀ æˀ de]
Désolé /Désolée/, c'est ma faute.	**Beklager, det er min skyld.** [be'klæˀjə, de 'æɐ̯ min 'skylˀ]
Au temps pour moi.	**Min fejl.** [min 'fajˀl]
Puis-je ... ?	**Må jeg ...?** [mɔˀ ja ...?]
Ça vous dérange si je ...?	**Har du noget imod, hvis jeg ...?** ['haˀ du 'noːəð i'moðˀ, 'ves jaj ...?]
Ce n'est pas grave.	**Det er OK.** [de 'æɐ̯ ɔw'kɛj]
Ça va.	**Det er OK.** [de 'æɐ̯ ɔw'kɛj]
Ne vous inquiétez pas.	**Tag dig ikke af det.** ['tæˀ 'daj 'ekə æˀ de]

Les accords

Oui	**Ja.** [ˈjæ]
Oui, bien sûr.	**Ja, helt sikkert.** [ˈjæ, ˈheˀlt ˈsekʌt]
Bien.	**Godt!** [ˈgʌt]
Très bien.	**Meget godt.** [ˈmɑɑð ˈgʌt]
Bien sûr!	**Bestemt!** [beˈstɛmˀt]
Je suis d'accord.	**Jeg er enig.** [ˈjɑj ˈæɐ̯ ˈeːni]

C'est correct.	**Det er korrekt.** [de ˈæɐ̯ koˈʁakt]
C'est exact.	**Det er rigtigt.** [de ˈæɐ̯ ˈʁɛgtit]
Vous avez raison.	**Du har ret.** [du hɑˀ ˈʁat]
Je ne suis pas contre.	**Jeg har ikke noget imod det.** [jɑ hɑˀ ˈekə ˈnoːəð iˈmoðˀ de]
Tout à fait correct.	**Helt korrekt.** [ˈheˀlt koˈʁakt]

C'est possible.	**Det er muligt.** [de ˈæɐ̯ ˈmuːlit]
C'est une bonne idée.	**Det er en god idé.** [de ˈæɐ̯ en ˈgoðˀ iˈdeˀ]
Je ne peux pas dire non.	**Jeg kan ikke sige nej.** [jɑ kan ˈekə ˈsi: ˈnɑjˀ]
J'en serai ravi /ravie/	**Jeg ville være glad for.** [jɑj ˈvilə ˈvɛɐ̯ˀ ˈglɑð fə]
Avec plaisir.	**Med glæde.** [mɛ ˈglɛːðə]

Refus, exprimer le doute

Non	**Nej.** [nɑjʔ]
Absolument pas.	**Bestemt ikke.** [beˈstɛmʔt ˈekə]
Je ne suis pas d'accord.	**Jeg er ikke enig.** [ˈjɑj ˈæɐ̯ ˈekə ˈeːni]

Je ne le crois pas.	**Jeg tror det ikke.** [jɑ ˈtʁoˀɐ̯ de ˈekə]
Ce n'est pas vrai.	**Det er ikke sandt.** [de ˈæɐ̯ ˈekə ˈsant]

Vous avez tort.	**Du tager fejl.** [du ˈtæˀɐ̯ ˈfɑjˀl]
Je pense que vous avez tort.	**Jeg tror, du tager fejl.** [jɑ ˈtʁoˀɐ̯, du ˈtæˀɐ̯ ˈfɑjˀl]
Je ne suis pas sûr /sûre/	**Jeg er ikke sikker.** [ˈjɑj ˈæɐ̯ ˈekə ˈsekʌ]
C'est impossible.	**Det er umuligt.** [de ˈæɐ̯ uˈmuˀlit]
Pas du tout!	**Overhovedet ikke!** [ɒwʌˈhoːədəð ˈekə]

Au contraire!	**Det stik modsatte.** [de ˈstek ˈmoðˌsatə]
Je suis contre.	**Jeg er imod det.** [ˈjɑj ˈæɐ̯ iˈmoðˀ de]

Ça m'est égal.	**Jeg er ligeglad.** [ˈjɑj ˈæɐ̯ ˈliːəˌglað]
Je n'ai aucune idée.	**Jeg aner det ikke.** [ˈjɑj ˈæːnə de ˈekə]
Je doute que cela soit ainsi.	**Jeg tvivler på det.** [jɑ ˈtviwlə pɔˀ de]

Désolé /Désolée/, je ne peux pas.	**Undskyld, jeg kan ikke.** [ˈɔnˌskylˀ, jɑ kanˀ ˈekə]
Désolé /Désolée/, je ne veux pas.	**Undskyld, jeg ønsker ikke at.** [ˈɔnˌskylˀ, jɑ ˈønskɐ ˈekə ʌ]

Merci, mais ça ne m'intéresse pas.	**Tak, men jeg har ikke brug for dette.** [tɑk, mɛn jɑ ˈhɑˀ ˈekə ˈbʁuˀ fə ˈdɛtə]
Il se fait tard.	**Det bliver sent.** [de ˈbliɐ̯ˀ ˈseˀnt]

Je dois me lever tôt.

Jeg er nødt til at stå tidligt op.
['jaj 'æɐ̯ nø²t te ʌ 'stɔ² 'tiðlit ʌp]

Je ne me sens pas bien.

Jeg føler mig dårlig.
[ja 'fø:lɐ maj 'dɒ:li]

Exprimer la gratitude

Merci.	**Tak.** [tɑk]
Merci beaucoup.	**Mange tak.** ['mɑŋə 'tɑk]
Je l'apprécie beaucoup.	**Jeg sætter virkeligt pris på det.** [jɑ sɛtʌ 'viɐ̯kəlit 'pʁi's pɔ' de]
Je vous suis très reconnaissant.	**Jeg er dig virkeligt taknemmelig.** ['jɑj 'æɐ̯ dɑ 'viɐ̯kəlit tɑk'nɛm'əli]
Nous vous sommes très reconnaissant.	**Vi er dig virkeligt taknemmelige.** ['vi 'æɐ̯ dɑ 'viɐ̯kəlit tɑk'nɛm'əliə]

Merci pour votre temps.	**Tak for din tid.** [tɑk fə din 'tið']
Merci pour tout.	**Tak for alt.** [tɑk fə 'al'd]
Merci pour ...	**Tak for ...** [tɑk fə ...]
votre aide	**din hjælp** [din 'jɛl'p]
les bons moments passés	**en dejlig tid** [en 'dɑjli 'tið']

un repas merveilleux	**et vidunderligt måltid** [ed við'ɔn'ʌlit 'mʌlˌtið']
cette agréable soirée	**en hyggelig aften** [en 'hygəli 'aftən]
cette merveilleuse journée	**en vidunderlig dag** [en við'ɔn'ʌli 'dæ']
une excursion extraordinaire	**en fantastisk rejse** [en fan'tastisk 'ʁɑjsə]

Il n'y a pas de quoi.	**Glem det.** ['glɛm de]
Vous êtes les bienvenus.	**Du er velkommen.** [du 'æɐ̯ 'vɛlˌkʌm'ən]
Mon plaisir.	**Når som helst.** ['nɒ' sʌm 'hɛl'st]
J'ai été heureux /heureuse/ de vous aider.	**Intet problem.** ['entəð pʁo'ble'm]
Ça va. N'y pensez plus.	**Glem det.** ['glɛm de]
Ne vous inquiétez pas.	**Tag dig ikke af det.** ['tæ' 'dɑj 'ekə æ' de]

Félicitations. Vœux de fête

Félicitations!

Til lykke!
[te 'løkə]

Joyeux anniversaire!

Tillykke med fødselsdagen!
[tə'løkə mɛ 'føsəlsˌdæʔən]

Joyeux Noël!

Glædelig jul!
['glɛːðəli 'juʔl]

Bonne Année!

Godt Nytår!
['gʌt 'nytˌɒʔ]

Joyeuses Pâques!

God påske!
['goðʔ 'pɔːskə]

Joyeux Hanoukka!

Glædelig Hanukkah!
['glɛːðəli 'hanuka]

Je voudrais proposer un toast.

Jeg vil gerne udbringe en skål.
[jɑj ve 'gæɐ̯nə 'uðˌbʁɛŋʔə en 'skɔʔl]

Santé!

Skål!
['skɔʔl]

Buvons à ...!

Lad os skåle for ...!
[lað ʌs 'skɔːlə fə ...!]

À notre succès!

Til vores succes!
[te 'vɒɒs syk'se]

À votre succès!

Til din succes!
[te din syk'se]

Bonne chance!

Held og lykke!
['hɛlʔ ʌ 'løkə]

Bonne journée!

Hav en dejlig dag!
['hɑʔ en 'dɑjli 'dæʔ]

Passez de bonnes vacances !

Hav en god ferie!
['hɑʔ en 'goðʔ 'feɐ̯ʔiə]

Bon voyage!

Har en sikker rejse!
['hɑʔ en 'sekʌ 'ʁɑjsə!]

Rétablissez-vous vite.

Jeg håber du får det bedre snart!
[jɑ 'hɔːbʌ du fɒʔ de 'bɛðʁʌ 'snɑʔt]

Socialiser

Pourquoi êtes-vous si triste? | **Hvorfor er du ked af det?**
['vɔfʌ 'æɡ du 'keð' æ' de?]

Souriez! | **Smil! Op med humøret!**
['smiʔl! ʌb mɛ hu'møʔɡəð]

Êtes-vous libre ce soir? | **Er du fri i aften?**
[æɡ du 'fʁiʔ i 'aftən?]

Puis-je vous offrir un verre? | **Må jeg tilbyde dig en drink?**
[mɔʔ ja 'telˌbyʔðə 'daj en 'drink?]

Voulez-vous danser? | **Kunne du tænke dig at danse?**
['kunə du 'tɛŋkə daj ʌ 'dansə?]

Et si on va au cinéma? | **Lad os gå i biografen.**
[lað ʌs 'gɔʔ i bio'gʁaʔfən]

Puis-je vous inviter … | **Må jeg invitere dig til …?**
[mɔʔ ja envi'teʔʌ da te …?]

au restaurant | **en restaurant**
[en ʁɛsto'ʁɑŋ]

au cinéma | **biografen**
[bio'gʁaʔfən]

au théâtre | **teatret**
[te'æʔtɡəð]

pour une promenade | **at gå en tur**
[ʌ 'gɔʔ en 'tuɡʔ]

À quelle heure? | **På hvilket tidspunkt?**
[pɔ 'velkəð 'tiðspɔŋʔt?]

ce soir | **i aften**
[i 'aftən]

à six heures | **klokken seks**
['klʌkən 'sɛks]

à sept heures | **klokken syv**
['klʌkən 'sywʔ]

à huit heures | **klokken otte**
['klʌkən 'ɔːtə]

à neuf heures | **klokken ni**
['klʌkən 'niʔ]

Est-ce que vous aimez cet endroit? | **Kan du lide det her?**
['kan du 'liːðə de 'hɛʔɡ?]

Êtes-vous ici avec quelqu'un? | **Er du her med nogen?**
[æɡ du 'hɛʔɡ mɛ 'noən?]

Je suis avec mon ami. | **Jeg er sammen med min ven.**
['jaj 'æɡ 'samʔən mɛ min 'vɛn]

Je suis avec mes amis.

Jeg er sammen med mine venner.
['jɑj 'æɡ 'sɑmˀən mɛ'miːnə 'vɛnʌ]

Non, je suis seul /seule/

Nej, jeg er alene.
[nɑjˀ, jɑ 'æɡ a'leːnə]

As-tu un copain?

Har du en kæreste?
['hɑˀ du en 'kæɡʌstə?]

J'ai un copain.

Jeg har en kæreste.
[jɑ hɑˀ en 'kæɡʌstə]

As-tu une copine?

Har du en kæreste?
['hɑˀ du en 'kæɡʌstə?]

J'ai une copine.

Jeg har en kæreste.
[jɑ hɑˀ en 'kæɡʌstə]

Est-ce que je peux te revoir?

Kan jeg se dig igen?
['kanˀ jɑ seˀ dɑj i'gɛn?]

Est-ce que je peux t'appeler?

Kan jeg ringe til dig?
['kanˀ jɑ 'ʁɛŋə te dɑjˀ]

Appelle-moi.

Ring til mig.
['ʁɛŋə te mɑj]

Quel est ton numéro?

Hvad er dit nummer?
['vað 'æɡ dit 'nɔmˀʌ?]

Tu me manques.

Jeg savner dig.
[jɑ 'sawnɡ dɑj]

Vous avez un très beau nom.

Du har et smukt navn.
[du hɑˀ et 'smɔkt 'nɑwˀn]

Je t'aime.

Jeg elsker dig.
['jɑjˀ 'ɛlskʌ dɑj]

Veux-tu te marier avec moi?

Vil du gifte dig med mig?
['ve du 'giftə 'dɑj mɛ mɑjˀ]

Vous plaisantez!

Du spøger!
[du 'spøːjə]

Je plaisante.

Jeg spøger.
[jɑ 'spøːjə]

Êtes-vous sérieux /sérieuse/?

Mener du det alvorligt?
['meːnʌ du de al'voˀlit?]

Je suis sérieux /sérieuse/

Jeg mener det alvorligt.
[jɑ 'meːnʌ de al'voˀlit]

Vraiment?!

Virkeligt?!
['viɡkəlit?!]

C'est incroyable!

Det er utroligt!
[də 'æɡ u'tʁoˀlit]

Je ne vous crois pas.

Jeg tror dig ikke.
[jɑ 'tʁoˀɡ 'dɑj 'ekə]

Je ne peux pas.

Jeg kan ikke.
[jɑ kan 'ekə]

Je ne sais pas.

Jeg ved det ikke.
[jɑj ve de 'ekə]

Je ne vous comprends pas

Jeg forstår dig ikke.
[ja fə'stɐ̞ daj 'ekə]

Laissez-moi! Allez-vous-en!

Gå din vej.
['gɔˀ din 'vaj ˀ]

Laissez-moi tranquille!

Lad mig være!
[laθ maj 'vɛɐ̞ˀ]

Je ne le supporte pas.

Jeg kan ikke fordrage ham.
[ja kan 'ekə fə'dʁaˀwə ham]

Vous êtes dégoûtant!

Du er modbydelig!
[du 'æɐ̞ moθ'byθˀəli]

Je vais appeler la police!

Jeg ringer til politiet!
[ja 'ʁɛŋʌ te poli'tiˀəθ]

Partager des impressions. Émotions

J'aime ça.	**Jeg kan lide det.** [jɑ kan 'liːðə de]
C'est gentil.	**Meget fint.** ['mɑɑð 'fiʔnt]
C'est super!	**Det er godt!** [de 'æɐ̯ 'gʌt]
C'est assez bien.	**Det er ikke dårligt.** [de 'æɐ̯ 'ekə 'dɒːlit]

Je n'aime pas ça.	**Jeg kan ikke lide det.** [jɑ kan 'ekə 'liːðə de]
Ce n'est pas bien.	**Det er ikke godt.** [de 'æɐ̯ 'ekə 'gʌt]
C'est mauvais.	**Det er dårligt.** [de 'æɐ̯ 'dɒːlit]
Ce n'est pas bien du tout.	**Det er meget dårligt.** [de 'æɐ̯ 'mɑɑð 'dɒːlit]
C'est dégoûtant.	**Det er ulækkert.** [de 'æɐ̯ 'uˌlɛkʌt]

Je suis content /contente/	**Jeg er glad.** ['jɑj 'æɐ̯ 'glɑð]
Je suis heureux /heureuse/	**Jeg er tilfreds.** ['jɑj 'æɐ̯ te'fʁɛs]
Je suis amoureux /amoureuse/	**Jeg er forelsket.** ['jɑj 'æɐ̯ fə'ɛlʔskəð]
Je suis calme.	**Jeg er rolig.** ['jɑj 'æɐ̯ 'ʁoːli]
Je m'ennuie.	**Jeg keder mig.** [jɑ 'keːðʌ mɑj]

Je suis fatigué /fatiguée/	**Jeg er træt.** ['jɑj 'æɐ̯ 'tʁat]
Je suis triste.	**Jeg er ked af det.** ['jɑj 'æɐ̯ 'keðʔ æʔ de]
J'ai peur.	**Jeg er bange.** ['jɑj 'æɐ̯ 'baŋə]

Je suis fâché /fâchée/	**Jeg er vred.** ['jɑj 'æɐ̯ 'vʁɛðʔ]
Je suis inquiet /inquiète/	**Jeg er bekymret.** ['jɑj 'æɐ̯ be'kømʔʁʌð]
Je suis nerveux /nerveuse/	**Jeg er nervøs.** ['jɑj 'æɐ̯ næɐ̯'vøʔs]

Je suis jaloux /jalouse/   **Jeg er misundelig.**
                                  ['jɑj 'æɐ̯ misˈɔnˀəli]

Je suis surpris /surprise/   **Jeg er overrasket.**
                                  ['jɑj 'æɐ̯ 'ɒwʌˌʁɑskəð]

Je suis gêné /gênée/   **Jeg er forvirret.**
                                  ['jɑj 'æɐ̯ fʌˈviɐ̯ˀʌð]

Problèmes. Accidents

J'ai un problème.
Jeg har fået et problem.
[jɑ hɑˀ foˀ et pʁoˈbleˀm]

Nous avons un problème.
Vi har fået et problem.
[ˈvi hɑˀ ˈfoˀ et pʁoˈbleˀm]

Je suis perdu /perdue/
Jeg forstår ikke.
[jɑ fəˈstɒ ˈekə]

J'ai manqué le dernier bus (train).
**Jeg kom for sent til
den sidste bus (tog).**
[jɑ ˈkʌmˀ fə ˈseˀnt te
dən ˈsistə bus (ˈtɔˀw)]

Je n'ai plus d'argent.
Jeg har ikke nogen penge tilbage.
[jɑ hɑˀ ˈekə ˈnoən ˈpɛŋə teˈbæːjə]

J'ai perdu mon ...
Jeg har mistet min ...
[jɑ hɑˀ ˈmestəð min ...]

On m'a volé mon ...
Nogen stjal mit ...
[ˈnoən ˈstjæˀl mit ...]

passeport
pas
[ˈpas]

portefeuille
tegnebog
[ˈtɑjnəbɔˀw]

papiers
papirer
[paˈpiːɐ̯ˀ]

billet
billet
[biˈlɛt]

argent
penge
[ˈpɛŋə]

sac à main
håndtaske
[ˈhʌnˈtaskə]

appareil photo
kamera
[ˈkæˀmeʁɑ]

portable
laptop
[ˈlapˌtʌp]

ma tablette
tablet computer
[ˈtablɛt kʌmˈpjuːtʌ]

mobile
mobiltelefon
[moˈbil teləˈfoˀn]

Au secours!
Hjælp mig!
[ˈjɛlˀp mɑj]

Qu'est-il arrivé?
Hvad er der sket?
[ˈvað ˈæɐ̯ ˈdɛˀɐ̯ ˈskeˀð?]

un incendie	**brand** ['bʁɑn']
des coups de feu	**skyderi** [skyðʌ'ʁi']
un meurtre	**mord** ['moʔɐ̯]
une explosion	**eksplosion** [ɛksplo'ɕoʔn]
une bagarre	**kamp** ['kɑm'p]

Appelez la police!	**Ring til politiet!** ['ʁɛŋə te poli'ti'əð]
Dépêchez-vous, s'il vous plaît!	**Vær sød at skynde dig!** ['vɛɐ̯' 'søð' ʌ 'skønə 'dɑj]
Je cherche le commissariat de police.	**Jeg leder efter politistationen.** [jɑ 'le:ðə 'ɛftʌ poli'ti stɑ'ɕoʔnən]
Il me faut faire un appel.	**Jeg har brug for at foretage et opkald.** [jɑ hɑ' 'bʁu' fə ʌ 'foːɒˌtæ' et 'ʌpkal']
Puis-je utiliser votre téléphone?	**Må jeg bruge din telefon?** [mɔ' jɑ 'bʁuːə din telə'foʔn?]

J'ai été ...	**Jeg er blevet ...** ['jɑj 'æɐ̯ 'blewəð ...]
agressé /agressée/	**overfaldet** ['ɒwʌˌfal'əð]
volé /volée/	**røvet** ['ʁœwəð]
violée	**voldtaget** ['vʌlˌtæ'əð]
attaqué /attaquée/	**angrebet** ['anˌgʁɛ'bəð]

Est-ce que ça va?	**Er du okay?** [æɐ̯ du ɔw'kɛj?]
Avez-vous vu qui c'était?	**Så du, hvem det var?** ['sɔ' du, vɛm de 'vɑ?]
Pourriez-vous reconnaître cette personne?	**Ville du være i stand til at genkende personen?** ['vilə du 'vɛɐ̯' i 'stan te ʌ 'gɛnˌkɛn'ə pæɐ̯'soʔnən?]
Vous êtes sûr?	**Er du sikker?** ['æɐ̯ du 'sekʌ?]

Calmez-vous, s'il vous plaît.	**Fald til ro.** ['fal' te 'ʁoʔ]
Calmez-vous!	**Tag det roligt!** ['tæ' de 'ʁoːlit]
Ne vous inquiétez pas.	**Det går nok!** [de gɒ' 'nʌk]
Tout ira bien.	**Alt vil være OK.** ['al't ve 'vɛɐ̯' ɔw'kɛj]

Ça va. Tout va bien.	**Alt er okay.** ['al'ʔt 'æɐ̯ ɔw'kɛj]
Venez ici, s'il vous plaît.	**Kom her.** [kʌmʔ 'hɛʔɐ̯]
J'ai des questions à vous poser.	**Jeg har nogle spørgsmål til dig.** [ja haʔ 'noːlə 'sbœɐ̯sˌmɔʔl te 'daj]
Attendez un moment, s'il vous plaît.	**Vent et øjeblik.** ['vɛnt et 'ʌjəˌblek]
Avez-vous une carte d'identité?	**Har du nogen ID?** ['haʔ du 'noən 'iˀdeʔ?]
Merci. Vous pouvez partir maintenant.	**Tak. Du kan gå nu.** [tak. du kan 'gɔʔ nu]
Les mains derrière la tête!	**Hænderne bag hovedet!** ['hɛnʔʌnə 'bæʔ 'hoːðəð]
Vous êtes arrêté!	**Du er anholdt!** [du 'æɐ̯ 'anˌhʌlt]

Problèmes de santé

Aidez-moi, s'il vous plaît.	**Vær sød at hjælpe mig.** ['vɛɐ̯ˀ 'søðˀ ʌ 'jɛlpə mɑj]
Je ne me sens pas bien.	**Jeg føler mig dårlig.** [ja 'føːlɐ̯ mɑj 'dɒːli]
Mon mari ne se sent pas bien.	**Min mand føler sig dårlig.** [min 'manˀ 'føːlɐ̯ sɑj 'dɒːli]
Mon fils ...	**Min søn ...** [min 'sœn ...]
Mon père ...	**Min far ...** [min 'fɑː ...]
Ma femme ne se sent pas bien.	**Min kone føler sig dårlig.** [min 'koːnə 'føːlɐ̯ sɑj 'dɒːli]
Ma fille ...	**Min datter ...** [min 'datʌ ...]
Ma mère ...	**Min mor ...** [min 'moɐ̯ ...]
J'ai mal ...	**Jeg har fået ...** [ja hɑˀ fɒˀ ...]
à la tête	**hovedpine** ['hoːəð̩ˌpiːnə]
à la gorge	**ondt i halsen** ['ɔnt i 'halˀsən]
à l'estomac	**mavepine** ['mæːvə 'piːnə]
aux dents	**tandpine** ['tanˌpiːnə]
J'ai le vertige.	**Jeg føler mig svimmel.** [ja 'føːlɐ̯ mɑj 'svemˀəl]
Il a de la fièvre.	**Han har feber.** [han hɑˀ 'feˀbʌ]
Elle a de la fièvre.	**Hun har feber.** [hun hɑˀ 'feˀbʌ]
Je ne peux pas respirer.	**Jeg kan ikke få vejret.** [ja kan 'ekə fɔˀ 'vɑjˌʁat]
J'ai du mal à respirer.	**Jeg er forpustet.** ['jɑj 'æɐ̯ fəˈpuˀstəð]
Je suis asthmatique.	**Jeg er astmatiker.** ['jɑj 'æɐ̯ astˈmæˀtikʌ]
Je suis diabétique.	**Jeg er diabetiker.** ['jɑj 'æɐ̯ diaˈbeˀtikʌ]

Je ne peux pas dormir.	**Jeg kan ikke sove.** [ja kan 'ekə 'sɒwə]
intoxication alimentaire	**madforgiftning** ['maðfʌˌgiftneŋ]
Ça fait mal ici.	**Det gør ondt her.** [de 'gœɐ̯ ɔnt 'hɛˀɐ̯]
Aidez-moi!	**Hjælp mig!** ['jɛlˀp maj]
Je suis ici!	**Jeg er her!** ['jaj 'æɐ̯ 'hɛˀɐ̯]
Nous sommes ici!	**Vi er her!** ['vi 'æɐ̯ 'hɛˀɐ̯]
Sortez-moi d'ici!	**Få mig ud herfra!** ['fɔˀ maj 'uðˀ 'hɛˀɐ̯ˌfʁɑˀ]
J'ai besoin d'un docteur.	**Jeg har brug for en læge.** [ja hɑˀ 'bʁuˀ fə en 'lɛːjə]
Je ne peux pas bouger!	**Jeg kan ikke bevæge sig.** [ja kan 'ekə be'vɛˀjə 'saj]
Je ne peux pas bouger mes jambes.	**Jeg kan ikke bevæge mine ben.** [ja kan 'ekə be'vɛˀjə 'miːnə 'beˀn]

Je suis blessé /blessée/	**Jeg har et sår.** [ja hɑˀ et 'sɒˀ]
Est-ce que c'est sérieux?	**Er det alvorligt?** [æɐ̯ de al'vɒˀlit?]
Mes papiers sont dans ma poche.	**Mine papirer ligger i min lomme.** ['miːnə pa'piːɐ̯ˀ 'legʌ i min 'lʌmə]
Calmez-vous!	**Tag det roligt!** ['tæˀ de 'ʁoːlit]
Puis-je utiliser votre téléphone?	**Må jeg bruge din telefon?** [mɔˀ ja 'bʁuːə din teləˈfoˀn?]

Appelez une ambulance!	**Ring efter en ambulance!** ['ʁɛŋə 'ɛftʌ en ambu'laŋsə]
C'est urgent!	**Det haster!** [de 'hastə]
C'est une urgence!	**Det er en nødsituation!** [de 'æɐ̯ en 'nød sitwa'ɕoˀn]
Dépêchez-vous, s'il vous plaît!	**Vær sød at skynde dig!** ['vɛɐ̯ˀ 'søðˀ ʌ 'skønə 'daj]
Appelez le docteur, s'il vous plaît.	**Vil du venligst ringe til en læge?** ['ve du 'vɛnlist 'ʁɛŋə te en 'lɛːjə?]
Où est l'hôpital?	**Hvor er hospitalet?** [vɒˀ 'æɐ̯ hɔspi'tæˀləð?]

Comment vous sentez-vous?	**Hvordan har du det?** [vɒ'dan hɑˀ du de?]
Est-ce que ça va?	**Er du okay?** [æɐ̯ du ɔw'kɛj?]
Qu'est-il arrivé?	**Hvad er der sket?** ['vað 'æɐ̯ 'dɛˀɐ̯ 'skeˀð?]

Je me sens mieux maintenant. **Jeg har det bedre nu.**
[ja haʼ de ˈbɛðʁʌ ˈnu]

Ça va. Tout va bien. **Det er OK.**
[de ˈæɐ̯ ɔwˈkɛj]

Ça va. **Det er OK.**
[de ˈæɐ̯ ɔwˈkɛj]

À la pharmacie

pharmacie	**apotek** [ɑpo'teˀk]
pharmacie 24 heures	**døgnåbent apotek** ['dʌjˀn 'ɔːbənt ɑpo'teˀk]
Où se trouve la pharmacie la plus proche?	**Hvor er det nærmeste apotek?** [vɒˀ 'æɐ̯ de 'næɐ̯məstə ɑpo'teˀk?]
Est-elle ouverte en ce moment?	**Holder det åbent nu?** ['hʌlʌ de 'ɔːbənt 'nu?]
À quelle heure ouvre-t-elle?	**Hvornår åbner det?** [vɒ'nɒˀ 'ɔːbnʌ de?]
à quelle heure ferme-t-elle?	**Hvornår lukker det?** [vɒ'nɒˀ 'lɔkɐ de?]
C'est loin?	**Er det langt væk?** [æɐ̯ de 'lɑŋˀt vɛk?]
Est-ce que je peux y aller à pied?	**Kan jeg komme derhen til fods?** ['kanˀ jɑ 'kʌmə 'dɛˀɐ̯'hɛn te 'foˀðs?]
Pouvez-vous me le montrer sur la carte?	**Kan du vise mig på kortet?** ['kan du 'viːsə mɑj pɔ 'kɒːtəð?]
Pouvez-vous me donner quelque chose contre ...	**Kan du give mig noget for ...** ['kan du giˀ mɑj 'noːəð fə ...]
le mal de tête	**hovedpine** ['hoːəðˌpiːnə]
la toux	**hoste** ['hoːstə]
le rhume	**forkølelse** [fʌ'køˀləlsə]
la grippe	**influenza** [enflu'ɛnsa]
la fièvre	**feber** ['feˀbʌ]
un mal d'estomac	**ondt i maven** ['ɔnt i 'mæːvən]
la nausée	**kvalme** ['kvalmə]
la diarrhée	**diarré** [dia'ʁɛˀ]
la constipation	**forstoppelse** [fʌ'stʌpəlsə]
un mal de dos	**rygsmerter** ['ʁœg 'smæɐ̯tə]

les douleurs de poitrine	**brystsmerter** ['bʁœst 'smæɐ̯tə]
les points de côté	**sidesting** ['siːðə 'steŋˀ]
les douleurs abdominales	**mavesmerter** ['mæːvə 'smæɐ̯tə]

une pilule	**pille** ['pelə]
un onguent, une crème	**salve, creme** ['salvə, 'kʁɛˀm]
un sirop	**sirup** ['siˀʁɔp]
un spray	**spray** ['spʁɛj]
les gouttes	**dråber** ['dʁɔːbʌ]

Vous devez allez à l'hôpital.	**Du er nødt til at tage på hospitalet.** [du 'æɐ̯ 'nøˀt te ʌ tæˀ pɔ hɔspi'tæˀləð]
assurance maladie	**sygesikring** ['syːəˌsekʁɛŋ]
prescription	**recept** [ʁɛ'sɛpt]
produit anti-insecte	**mygge-afskrækker** ['mygə-'ɑwˌskʁakʌ]
bandages adhésifs	**hæfteplaster** ['hɛftə 'plastʌ]

Les essentiels

Excusez-moi, ...
Undskyld, ...
['ɔnˌskylˀ, ...]

Bonjour
Hej.
['hɑj]

Merci
Tak.
[tɑk]

Au revoir
Farvel.
[fɑ'vɛl]

Oui
Ja.
['jæ]

Non
Nej.
[nɑjˀ]

Je ne sais pas.
Jeg ved det ikke.
[jɑj ve de 'ekə]

Où? | Où? | Quand?
Hvor? | Hvorhen? | Hvornår?
['vɒˀ? | 'vɒˀˌhɛn? | vɒ'nɒˀ?]

J'ai besoin de ...
Jeg har brug for ...
[jɑ hɑˀ 'bʁuˀ fə ...]

Je veux ...
Jeg vil ...
[jɑj ve ...]

Avez-vous ... ?
Har du ...?
['hɑˀ du ...?]

Est-ce qu'il y a ... ici?
Er der en ... her?
[æɐ̯ 'dɛˀɐ̯ en ... hɛˀɐ̯?]

Puis-je ... ?
Må jeg ...?
[mɔˀ jɑ ...?]

s'il vous plaît (pour une demande)
... venligst
[... 'vɛnlist]

Je cherche ...
Jeg leder efter ...
[jɑ 'leːðə 'ɛftʌ ...]

les toilettes
toilet
[toɑ'lɛt]

un distributeur
udbetalingsautomat
[uðˀbe'tæˀleŋs ɑwto'mæˀt]

une pharmacie
apotek
[ɑpo'teˀk]

l'hôpital
hospital
[hɔspi'tæˀl]

le commissariat de police
politistation
[poli'ti stɑ'ɕoˀn]

une station de métro
metro
['meːtʁo]

un taxi	**taxi** ['tɑksi]
la gare	**togstation** ['tɔw sta'ɕoˀn]

Je m'appelle …	**Mit navn er …** [mit 'nɑwˀn 'æɐ̯ …]
Comment vous appelez-vous?	**Hvad er dit navn?** ['vað 'æɐ̯ dit nɑwˀn?]
Aidez-moi, s'il vous plaît.	**Kan du hjælpe mig?** ['kan du 'jɛlpə mɑj?]
J'ai un problème.	**Jeg har fået et problem.** [jɑ hɑˀ fɔˀ et pʁoˈbleˀm]
Je ne me sens pas bien.	**Jeg føler mig dårlig.** [jɑ 'føːlę mɑj 'dɒːli]
Appelez une ambulance!	**Ring efter en ambulance!** ['ʁɛŋə 'ɛftʌ en ɑmbu'lɑŋsə]
Puis-je faire un appel?	**Må jeg foretage et opkald?** [mɔˀ jɑ 'fɒːɒˌtæˀ et 'ʌpkalˀ?]

Excusez-moi.	**Det er jeg ked af.** [de 'æɐ̯ jɑ 'keðˀ æˀ]
Je vous en prie.	**Selv tak.** [sɛlˀ tɑk]

je, moi	**Jeg, mig** [jɑj, mɑj]
tu, toi	**du** [du]
il	**han** [han]
elle	**hun** [hun]
ils	**de** [di]
elles	**de** [di]
nous	**vi** [vi]
vous	**I, De** [I, di]
Vous	**De** [di]

ENTRÉE	**INDGANG** ['enˌgɑŋˀ]
SORTIE	**UDGANG** ['uðˌgɑŋˀ]
HORS SERVICE | EN PANNE	**UDE AF DRIFT** ['uːðə æˀ 'dʁɛft]
FERMÉ	**LUKKET** ['lɔkəð]

OUVERT	**ÅBEN** ['ɔ:bən]
POUR LES FEMMES	**TIL KVINDER** [te 'kvenʌ]
POUR LES HOMMES	**TIL MÆND** [te 'mɛnˀ]

T&P
BOOKS

MINI DICTIONNAIRE

Cette section contient
250 mots, utiles nécessaires
à la communication
quotidienne.
Vous y trouverez le nom
des mois et des jours.
Le dictionnaire contient
aussi des sujets aussi variés
que les couleurs, les unités
de mesure, la famille et plus

T&P Books Publishing

CONTENU DU DICTIONNAIRE

T&P Books Publishing

temps (m)	**tid** (f)	['tið']
heure (f)	**time** (f)	['ti:mə]
demi-heure (f)	**en halv time**	[en 'hal' 'ti:mə]
minute (f)	**minut** (i)	[me'nut]
seconde (f)	**sekund** (i)	[se'kɔn'd]
aujourd'hui (adv)	**i dag**	[i 'dæ']
demain (adv)	**i morgen**	[i 'mɒ:ɒn]
hier (adv)	**i går**	[i 'gɒ']
lundi (m)	**mandag** (f)	['man'da]
mardi (m)	**tirsdag** (f)	['tiɐ'sda]
mercredi (m)	**onsdag** (f)	['ɔn'sda]
jeudi (m)	**torsdag** (f)	['tɒ'sda]
vendredi (m)	**fredag** (f)	['fʁɛ'da]
samedi (m)	**lørdag** (f)	['lœɐda]
dimanche (m)	**søndag** (f)	['sœn'da]
jour (m)	**dag** (f)	['dæ']
jour (m) ouvrable	**arbejdsdag** (f)	['ɑ:bɑjds,dæ']
jour (m) férié	**festdag** (f)	['fɛst,dæ']
week-end (m)	**weekend** (f)	['wi:,kɛnd]
semaine (f)	**uge** (f)	['u:ə]
la semaine dernière	**sidste uge**	[i 'sistə 'u:ə]
la semaine prochaine	**i næste uge**	[i 'nɛstə 'u:ə]
le matin	**om morgenen**	[ʌm 'mɒ:ɒnən]
dans l'après-midi	**om eftermiddagen**	[ʌm 'ɛftʌme,dæ'ən]
le soir	**om aftenen**	[ʌm 'aftənən]
ce soir	**i aften**	[i 'aftən]
la nuit	**om natten**	[ʌm 'natən]
minuit (f)	**midnat** (f)	['mið,nat]
janvier (m)	**januar** (f)	['janu,ɑ']
février (m)	**februar** (f)	['febʁu,ɑ']
mars (m)	**marts** (f)	['mɑ:ts]
avril (m)	**april** (f)	[a'pʁi'l]
mai (m)	**maj** (f)	['mɑj']
juin (m)	**juni** (f)	['ju'ni]
juillet (m)	**juli** (f)	['ju'li]
août (m)	**august** (f)	[ɑw'gɔst]

septembre (m)	**september** (f)	[sep'tɛmˀbʌ]
octobre (m)	**oktober** (f)	[ok'toˀbʌ]
novembre (m)	**november** (f)	[no'vɛmˀbʌ]
décembre (m)	**december** (f)	[de'sɛmˀbʌ]
au printemps	**om foråret**	[ʌm 'foːˌpˀð]
en été	**om sommeren**	[ʌm 'sʌmʌən]
en automne	**om efteråret**	[ʌm 'ɛftʌˌpˀð]
en hiver	**om vinteren**	[ʌm 'venˀtʌən]
mois (m)	**måned** (f)	['mɔːnəð]
saison (f)	**årstid** (f)	['ɒːsˌtiðˀ]
année (f)	**år** (i)	['ɒˀ]

2. Nombres. Adjectifs numéraux

zéro	**nul**	['nɔl]
un	**en**	['en]
deux	**to**	['toˀ]
trois	**tre**	['tʁɛˀ]
quatre	**fire**	['fiˀʌ]
cinq	**fem**	['fɛmˀ]
six	**seks**	['sɛks]
sept	**syv**	['sywˀ]
huit	**otte**	['ɔːtə]
neuf	**ni**	['niˀ]
dix	**ti**	['tiˀ]
onze	**elleve**	['ɛlvə]
douze	**tolv**	['tʌlˀ]
treize	**tretten**	['tʁatən]
quatorze	**fjorten**	['fjoʁtən]
quinze	**femten**	['fɛmtən]
seize	**seksten**	['sɑjstən]
dix-sept	**sytten**	['søtən]
dix-huit	**atten**	['atən]
dix-neuf	**nitten**	['netən]
vingt	**tyve**	['tyːvə]
trente	**tredive**	['tʁaðvə]
quarante	**fyrre**	['fœɐ̯ʌ]
cinquante	**halvtreds**	[hal'tʁɛs]
soixante	**tres**	['tʁɛs]
soixante-dix	**halvfjerds**	[hal'fjæɐ̯s]
quatre-vingts	**firs**	['fiɐ̯ˀs]
quatre-vingt-dix	**halvfems**	[hal'fɛmˀs]
cent	**hundrede**	['hunʌðə]

deux cents	tohundrede	['tɔwˌhunʌðə]
trois cents	trehundrede	['tʁɛˌhunʌðə]
quatre cents	firehundrede	['fiɐ̯ˌhunʌðə]
cinq cents	femhundrede	['fɛmˌhunʌðə]

six cents	sekshundrede	['sɛksˌhunʌðə]
sept cents	syvhundrede	['sywˌhunʌðə]
huit cents	ottehundrede	['ɔːtəˌhunʌðə]
neuf cents	nihundrede	['niˌhunʌðə]
mille	tusind	['tuˀsən]

| dix mille | titusind | ['tiˌtuˀsən] |
| cent mille | hundredetusind | ['hunʌðəˌtuˀsən] |

| million (m) | million (f) | [mili'oˀn] |
| milliard (m) | milliard (f) | [mili'ɑˀd] |

3. L'être humain. La famille

homme (m)	mand (f)	['manˀ]
jeune homme (m)	ung mand, yngling (f)	['ɔŋ manˀ], ['øŋlen]
femme (f)	kvinde (f)	['kvenə]
jeune fille (f)	pige (f)	['piːə]
vieillard (m)	gammel mand (f)	['gaməl 'manˀ]
vieille femme (f)	gammel dame (f)	['gaməl 'dæːmə]

mère (f)	mor (f), moder (f)	['moɐ̯], ['moːðʌ]
père (m)	far (f), fader (f)	['fɑː], ['fæːðʌ]
fils (m)	søn (f)	['sœn]
fille (f)	datter (f)	['datʌ]
frère (m)	bror (f)	['bʁoɐ̯]
sœur (f)	søster (f)	['søstʌ]

parents (m pl)	forældre (pl)	[fʌ'ɛlˀdʁʌ]
enfant (m, f)	barn (i)	['bɑˀn]
enfants (pl)	børn (pl)	['bœɐ̯ˀn]
belle-mère (f)	stedmor (f)	['stɛðˌmoɐ̯]
beau-père (m)	stedfar (f)	['stɛðˌfɑː]

grand-mère (f)	bedstemor (f)	['bɛstəˌmoɐ̯]
grand-père (m)	bedstefar (f)	['bɛstəˌfɑː]
petit-fils (m)	barnebarn (i)	['bɑːnəˌbɑˀn]
petite-fille (f)	barnebarn (i)	['bɑːnəˌbɑˀn]
petits-enfants (pl)	børnebørn (pl)	['bœɐ̯nəˌbœɐ̯ˀn]

oncle (m)	onkel (f)	['ɔŋˀkəl]
tante (f)	tante (f)	['tantə]
neveu (m)	nevø (f)	[ne'vø]
nièce (f)	niece (f)	[ni'ɛːsə]
femme (f)	kone (f)	['koːnə]

mari (m)	mand (f)	['man']
marié (adj)	gift	['gift]
mariée (adj)	gift	['gift]
veuve (f)	enke (f)	['ɛŋkə]
veuf (m)	enkemand (f)	['ɛŋkəˌman']

prénom (m)	navn (i)	['nɑw'n]
nom (m) de famille	efternavn (i)	['ɛftʌˌnɑw'n]

parent (m)	slægtning (f)	['slɛgtneŋ]
ami (m)	ven (f)	['vɛn]
amitié (f)	venskab (i)	['vɛnˌskæ'b]

partenaire (m)	partner (f)	['pɑ:tnʌ]
supérieur (m)	overordnet (f)	['ɒwʌˌɒ'dnəð]
collègue (m, f)	kollega (f)	[ko'le:ga]
voisins (m pl)	naboer (pl)	['næ:bo'ʌ]

4. Le corps humain. L'anatomie

corps (m)	krop (f)	['kʁʌp]
cœur (m)	hjerte (i)	['jæɐ̯tə]
sang (m)	blod (i)	['blo'ð]
cerveau (m)	hjerne (f)	['jæɐ̯nə]

os (m)	ben (i)	['be'n]
colonne (f) vertébrale	rygrad (f)	['ʁɒɐ̯gˌʁɑ'ð]
côte (f)	ribben (i)	['ʁiˌbe'n]
poumons (m pl)	lunger (f pl)	['loŋʌ]
peau (f)	hud (f)	['huð']

tête (f)	hoved (i)	['ho:əð]
visage (m)	ansigt (i)	['ansegt]
nez (m)	næse (f)	['nɛ:sə]
front (m)	pande (f)	['panə]
joue (f)	kind (f)	['ken']

bouche (f)	mund (f)	['mɔn']
langue (f)	tunge (f)	['toŋə]
dent (f)	tand (f)	['tan']
lèvres (f pl)	læber (f pl)	['lɛ:bʌ]
menton (m)	hage (f)	['hæ:jə]

oreille (f)	øre (i)	['ø:ʌ]
cou (m)	hals (f)	['hal's]
œil (m)	øje (i)	['ʌjə]
pupille (f)	pupil (f)	[pu'pil']
sourcil (m)	øjenbryn (i)	['ʌjənˌbʁʏ'n]
cil (m)	øjenvippe (f)	['ʌjənˌvepə]
cheveux (m pl)	hår (i pl)	['hɒ']

coiffure (f)	frisure (f)	[fʁiˈsyˀʌ]
moustache (f)	moustache (f)	[muˈstæːɕ]
barbe (f)	skæg (i)	[ˈskɛˀg]
porter (~ la barbe)	at have	[ʌ ˈhæːvə]
chauve (adj)	skaldet	[ˈskaləð]
main (f)	hånd (f)	[ˈhʌnˀ]
bras (m)	arm (f)	[ˈɑˀm]
doigt (m)	finger (f)	[ˈfeŋˀʌ]
ongle (m)	negl (f)	[ˈnɑjˀl]
paume (f)	håndflade (f)	[ˈhʌnˌflæːðə]
épaule (f)	skulder (f)	[ˈskulʌ]
jambe (f)	ben (i)	[ˈbeˀn]
genou (m)	knæ (i)	[ˈknɛˀ]
talon (m)	hæl (f)	[ˈhɛˀl]
dos (m)	ryg (f)	[ˈʁœg]

5. Les vêtements. Les accessoires personnels

vêtement (m)	tøj (i), klæder (i pl)	[ˈtʌj], [ˈklɛːðʌ]
manteau (m)	frakke (f)	[ˈfʁɑkə]
manteau (m) de fourrure	pels (f), pelskåbe (f)	[ˈpɛlˀs], [ˈpɛlsˌkɔːbə]
veste (f) (~ en cuir)	jakke (f)	[ˈjɑkə]
imperméable (m)	regnfrakke (f)	[ˈʁɑjnˌfʁɑkə]
chemise (f)	skjorte (f)	[ˈskjoɐ̯tə]
pantalon (m)	bukser (pl)	[ˈbɔksʌ]
veston (m)	jakke (f)	[ˈjɑkə]
complet (m)	jakkesæt (i)	[ˈjɑkəˌsɛt]
robe (f)	kjole (f)	[ˈkjoːlə]
jupe (f)	nederdel (f)	[ˈneðʌˌdeˀl]
tee-shirt (m)	t-shirt (f)	[ˈtiːˌɕœːt]
peignoir (m) de bain	badekåbe (f)	[ˈbæːðəˌkɔːbə]
pyjama (m)	pyjamas (f)	[pyˈjæːmas]
tenue (f) de travail	arbejdstøj (i)	[ˈɑːbɑjdsˌtʌj]
sous-vêtements (m pl)	undertøj (i)	[ˈɔnʌˌtʌj]
chaussettes (f pl)	sokker (f pl)	[ˈsʌkʌ]
soutien-gorge (m)	bh (f), brystholder (f)	[beˈhoˀ], [ˈbʁœstˌhʌlˀʌ]
collants (m pl)	strømpebukser (pl)	[ˈstʁœmbəˌbɔksʌ]
bas (m pl)	strømper (f pl)	[ˈstʁœmpʌ]
maillot (m) de bain	badedragt (f)	[ˈbæːðəˌdʁɑgt]
chapeau (m)	hue (f)	[ˈhuːə]
chaussures (f pl)	sko (f pl)	[ˈskoˀ]
bottes (f pl)	støvler (f pl)	[ˈstœwlʌ]
talon (m)	hæl (f)	[ˈhɛˀl]
lacet (m)	snøre (f)	[ˈsnœːʌ]

cirage (m)	skocreme (f)	['sko̩kʁɛˀm]
gants (m pl)	handsker (f pl)	['hanskʌ]
moufles (f pl)	vanter (f pl)	['vanˀtʌ]
écharpe (f)	halstørklæde (i)	['hals 'tœɐ̯ˌklɛːðə]
lunettes (f pl)	briller (pl)	['bʁɛlʌ]
parapluie (m)	paraply (f)	[pɑɑˈplyˀ]

cravate (f)	slips (i)	['sleps]
mouchoir (m)	lommetørklæde (i)	['lʌmə̩tœɐ̯klɛːðə]
peigne (m)	kam (f)	['kamˀ]
brosse (f) à cheveux	hårbørste (f)	['hɔ̩bœɐ̯stə]

boucle (f)	spænde (i)	['spɛnə]
ceinture (f)	bælte (i)	[ˀbɛltə]
sac (m) à main	dametaske (f)	['dæːmeˌtaskə]

6. La maison. L'appartement

appartement (m)	lejlighed (f)	['lɑjliˌheðˀ]
chambre (f)	rum, værelse (i)	['ʁɔmˀ], ['væɐ̯ʌlsə]
chambre (f) à coucher	soveværelse (i)	['sɔwə̩væɐ̯ʌlsə]
salle (f) à manger	spisestue (f)	['spiːsə̩stuːə]

salon (m)	dagligstue (f)	['dɑwliˌstuːə]
bureau (m)	arbejdsværelse (i)	['ɑːbɑjdsˌvæɐ̯ʌlsə]
antichambre (f)	entre (f), forstue (f)	[ɑŋ'tʁɛ], ['fɔ̩stuːə]
salle (f) de bains	badeværelse (i)	['bæːðə̩væɐ̯ʌlsə]
toilettes (f pl)	toilet (i)	[toaˈlɛt]

aspirateur (m)	støvsuger (f)	['støwˌsuˀʌ]
balai (m) à franges	moppe (f)	['mʌpə]
torchon (m)	klud (f)	['kluðˀ]
balayette (f) de sorgho	fejekost (f)	['fɑjə̩kɔst]
pelle (f) à ordures	fejeblad (i)	['fɑjə̩blað]

meubles (m pl)	møbler (pl)	['møˀblʌ]
table (f)	bord (i)	[ˀboˀɐ̯]
chaise (f)	stol (f)	['stoˀl]
fauteuil (m)	lænestol (f)	['lɛːnə̩stoˀl]

miroir (m)	spejl (i)	['spɑjˀl]
tapis (m)	tæppe (i)	['tɛpə]
cheminée (f)	pejs (f), kamin (f)	['pɑjˀs], [kaˈmiˀn]
rideaux (m pl)	gardiner (i pl)	[gɑˈdiˀnʌ]
lampe (f) de table	bordlampe (f)	['boɐ̯ˌlampə]
lustre (m)	lysekrone (f)	['lysə̩kʁoːnə]

cuisine (f)	køkken (i)	['køkən]
cuisinière (f) à gaz	gaskomfur (i)	['gasˌkɔmˈfuɐ̯ˀ]
cuisinière (f) électrique	elkomfur (i)	['ɛlˌkɔmˈfuɐ̯ˀ]

four (m) micro-ondes	mikroovn (f)	['mikʁoˌɒwˀn]
réfrigérateur (m)	køleskab (i)	['køːləˌskæˀb]
congélateur (m)	fryser (f)	['fʁyːsʌ]
lave-vaisselle (m)	opvaskemaskine (f)	[ʌp'vaskə ma'skiːnə]
robinet (m)	hane (f)	['hæːnə]

hachoir (m) à viande	kødhakker (f)	['køðˌhɑkʌ]
centrifugeuse (f)	juicepresser (f)	['dʒuːsˌpʁasʌ]
grille-pain (m)	brødrister, toaster (f)	['bʁœðˌʁɛstʌ], ['tɔwstʌ]
batteur (m)	mikser, mixer (f)	['meksʌ]

machine (f) à café	kaffemaskine (f)	['kɑfə ma'skiːnə]
bouilloire (f)	kedel (f)	['keðəl]
théière (f)	tekande (f)	['teˌkanə]

téléviseur (m)	tv, fjernsyn (i)	['teˀˌveˀ], ['fjæɐ̯nˌsyˀn]
magnétoscope (m)	video (f)	['viˀdjo]
fer (m) à repasser	strygejern (i)	['stʁyəˌjæɡˀn]
téléphone (m)	telefon (f)	[teləˈfoˀn]

www.ingramcontent.com/pod-product-compliance
Lightning Source LLC
Chambersburg PA
CBHW070839050426

42452CB00011B/2344

* 9 7 8 1 7 8 6 1 6 7 6 7 5 *